马克思主义简明读本

解读《社会主义从空想到科学的发展》

丛书主编：韩喜平
本书著者：曹毅哲

编委会：韩喜平　邵彦敏　吴宏政
　　　　王为全　罗克全　张中国
　　　　王　颖　石　英　里光年

吉林出版集团股份有限公司

图书在版编目（CIP）数据

解读《社会主义从空想到科学的发展》/ 曹毅哲著. -- 长春：吉林出版集团股份有限公司，2014.4（2019.2重印）

（马克思主义简明读本）

ISBN 978-7-5534-2639-6

Ⅰ.①解… Ⅱ.①曹… Ⅲ.①《社会主义从空想到科学的发展》—恩格斯著作研究 Ⅳ.①A811.24

中国版本图书馆CIP数据核字（2013）第174142号

解读《社会主义从空想到科学的发展》
JIEDU SHEHUI ZHUYI CONG KONGXIANG DAO KEXUE DE FAZHAN

丛书主编：	韩喜平
本书著者：	曹毅哲
项目策划：	周海英　耿　宏
项目负责：	周海英　耿　宏　宫志伟
责任编辑：	宫志伟　李井慧
出　　版：	吉林出版集团股份有限公司
发　　行：	吉林出版集团社科图书有限公司
电　　话：	0431-86012746
印　　刷：	北京一鑫印务有限责任公司
开　　本：	710mm×960mm　1/16
字　　数：	100千字
印　　张：	12
版　　次：	2014年4月第1版
印　　次：	2019年2月第3次印刷
书　　号：	ISBN 978-7-5534-2639-6
定　　价：	29.70元

如发现印装质量问题，影响阅读，请与出版方联系调换。0431-86012746

序　言

习近平总书记指出，青年最富有朝气、最富有梦想，青年兴则国家兴，青年强则国家强。青年是民族的未来，"中国梦"是我们的，更是青年一代的，实现中华民族伟大复兴的"中国梦"需要依靠广大青年的不断努力。

要提高青年人的理论素养。理论是科学化、系统化、观念化的复杂知识体系，也是认识问题、分析问题、解决问题的思想方法和工作方法。青年正处于世界观、方法论形成的关键时期，特别是在知识爆炸、文化快餐消费盛行的今天，如果能够静下心来学习一点理论知识，对于提高他们分析问题、辨别是非的能力有着很大的帮助。

要提高青年人的政治理论素养。青年是祖国的未来，是社会主义的建设者和接班人。党的十八大报告指出，回首近代以来中国波澜壮阔的历史，展望中华民族充满希望的未来，我们得出一个坚定的结论——实现中华民族伟大复兴，必须坚定不移地走中国特色社会主义道路。要建立青年人对中国特色社会主义的道路自信、理论自信、制度自信，就必须要对他们进行马克思主义理论教育，特别是中国特色社会主义理论体系教育。

要提高青年人的创新能力。创新是推动民族进步和社会发展的不竭动力，培养青年人的创新能力是全社会的重要职责。但创新从来都是继承与发展的统一，它需要知识的积淀，需要理论素养的提升。马克思主义理论是人类社会最为重大的理论创新，系统地学习马克思主义理论有助于青年人创新能力的提升。

要培养青年人的远大志向。"一个民族只有拥有那些关注天空的人，这个民族才有希望。如果一个民族只是关心眼下脚下的事情，这个民族是没有未来的。"马克思主义是关注人类自由与解放的理论，是胸怀世界、关注人类的理论，青年人志存高远，奋发有为，应该学会用马克思主义理论武装自己，胸怀世界，关注人类。

正是基于以上几点考虑，我们编写了这套《马克思主义简明读本》系列丛书，以便更全面地展示马克思主义理论基础知识。希望青年朋友们通过学习，能够切实收到成效。

韩喜平

2013年8月

目　录

引　言 / 001

第一章　科学社会主义的入门 / 004

第一节　《社会主义从空想到科学的发展》的写作背景 / 004

第二节　《社会主义从空想到科学的发展》的作者简介 / 007

第三节　《社会主义从空想到科学的发展》的主要内容 / 016

第四节　理论意义与现实意义 / 025

第二章　序言及导言解读 / 034

第一节　法文版前言的主要内容 / 034

第二节　德文版序言的主要内容 / 037

第三节　英文版导言的主要内容 / 039

第三章　科学社会主义的思想来源 / 046

第一节　主要内容介绍 / 046

第二节　重点、难点分析 / 056

第三节　相关链接 / 066

第四节　理论意义与现实意义 / 086

第四章　社会主义从空想到科学 / 089

第一节　主要内容介绍 / 089

第二节　重点、难点分析 / 096

第三节　相关链接 / 107

第四节　理论意义与现实意义 / 119

第五章　理想社会的预言 / 127

第一节　主要内容介绍 / 127

第二节　重点、难点分析 / 141

第三节　相关链接 / 159

第四节　理论意义与现实意义 / 178

参考文献 / 183

引　言

　　《社会主义从空想到科学的发展》一书出版于1880年。当时，为了向法国的工人阶级宣传马克思主义，反对工人运动中的机会主义，帮助法国工人建立革命政党，从而更好地推动工人运动发展，应法国工人党革命派、马克思的女婿拉法格的请求，恩格斯把《反杜林论》中"最重要的部分"，即引论中的第一章"概论"，第三编的一、二两章抽出来汇集在一起，作了一些修改后，由拉法格译成法文，同年5月在巴黎出版。原名叫《空想社会主义和科学社会主义》，1883年德文版出版时名称改为《社会主义从空想到科学的发展》。这部著作通俗易懂，很快在工人运动中传开，后被译成十几种文字广泛传播，是马克思主义经典文献中影响较大的著作之一。马克思称这本书是"科学社会主义的入门"。

　　《社会主义从空想到科学的发展》是一部阐述科学社会主义的思想来源、理论基础和基本原理的重要著作。它考察了资本主义基本矛盾的历史发展及其在生产和阶级关系上的表现、恶果和影响，剖析了资本主义经济发展中的现象，并且总结了科学社会主义的产生、发展及经验教训，指明了科学社会主义的思想来源、理论基础，论证了社会主义代替资本主义的历史必然性，预测了未来社会的基本特征。它指导世界各国无产阶级发展壮大，促进国际共产主义运动蓬勃开展。《社会主义从空想到科学的发展》是恩格斯在科学社会主义理论体系最终确立时期所写的一部全面阐述科学社会主义基本内容的代表作，是恩格斯在科学社会主义诞生后所写的一篇揭示科学社会主义发展规律的光辉著作。

本书按照经典著作的写作顺序，对其总论、序言及导言、正文三章共五章分别进行阐述和解读。第一章总论部分概述全书的写作背景、主要内容、理论和现实意义等。第二章序言及导言部分，介绍该书基本内容。第三、四、五章分别介绍其正文一、二、三章的主要内容，主要论点、论据及相关理论及其论证，人物、事件介绍，重点、难点分析，理论及现实意义等。第三章主要阐发空想社会主义的产生、发展、历史功绩和局限性，说明三大空想社会主义是科学社会主义的直接理论来源。第四章着重论述科学社会主义的理论基础，概述辩证法的形成、发展过程和唯物辩证法产生的重大意义，阐述唯物史观和剩余价值学说的发现使社会主义由空想变成科学。第五章用唯物史观的基本原理分析人类社会的基本矛盾及其表现，揭示资本主义必然灭亡社会主义必然胜利的客观规律，论述无产阶级革命胜利的力量、道路以及社会主义和共产主义社会的基本特征。

第一章　科学社会主义的入门

第一节　《社会主义从空想到科学的发展》的写作背景

《社会主义从空想到科学的发展》一书出版于1880年，原名是《空想社会主义和科学社会主义》，1883年出版德文版时改名为《社会主义从空想到科学的发展》。五四运动前后开始在我国流传，1920年被毛泽东列入"马克思主义研究会"的必读书目，多年来也是青少年学生学习马克思主义和社会主义必读的经典著作。马克思称这本书是"科学社会主义的入门"。

《社会主义从空想到科学的发展》一书的写作与恩格斯的著作《反杜林论》的写作过程有关。1871年巴黎公社失败以后，工人运动转入低潮，国际工人运动中心从法国转到德国。当时国际工人运动的主要任务是在各国建立以马克思主义理论为指导的无产阶级政党，从思想上、组织上为革命做准备，以迎接新的革命高潮的到来。但是，统治阶级害怕本国革命力量的发展，对马克思主义学说进行大肆的攻击和污蔑。同时，各种形形色色的机会主义、小资产阶级社会主义也在工人运动中流传、扩散，阻碍了马克思主义的传播。其中，德国柏林大学的讲师欧根·杜林的小资产阶级社会主义思想比较有市场。他在19世纪70年代连续出版了《国民经济学和社会主义批判史》、《国民经济学和社会主义经济学讲义》和《哲学教程》，宣传折中主义哲学、资产阶级庸俗经济学和小资产阶级的社会主义，攻击马克思主义，并且扬言要在科学中实行一次完全的"变革"。他以社会主义"改革家"的面貌出现，提出了改造社会的一套实践计划来蒙蔽群众。

马克思和恩格斯当时侨居伦敦，远离德国，对杜林的活动不很了解，未能及时加以批判，导致杜林的言论得以迅速蔓延和盛行。杜林的理论在成立不久的德国社会民主党中产生了极大的消极影响，德国党面临着十分严肃的问题：如何看待和评价杜林主义？马克思主义还能否作为党的指导思想？这不仅是关系德国党是否是真正的无产阶级政党的问题,也是关系到整个国际共产主义运动发展方向的根本问题。

为了促使德国党健康成长,也为了消除杜林的影响,恩格斯于1876年5月底到1878年7月初,在两年多的时间里,写下了一系列批判杜林的文章,在德国党的机关报《前进报》上陆续发表。1878年7月印成单行本,这就是著名的《反杜林论》。这部著作的问世,批判了杜林的唯心主义先验论和形而上学,论证了辩证唯物主义基本原理,同时也批判了杜林的小资产阶级的社会主义,论述了科学社会主义的基本理论。这部著作对于捍卫马克思主义世界观,维护科学社会主义纲领,推动德国工人运动和整个共产主义运动的发展,巩固马克思主义政党,起到了十分重要的作用。

《反杜林论》的发表,使国际工人运动有了很大发展。1879年在马赛举行的法国全国工人代表大会上,经盖德和拉法格倡议,通过了成立法国工人党的决议。1880年在勒阿弗尔代表大会上,《勒阿弗尔纲领》即党的纲领获得通过,法国工人运动中第一个无产阶级政党正式成立。但是,该党成立初期因各种工人运动理论问题的分歧而分裂。盖德派积极宣传科学社会主义理论,而以布鲁斯和马隆为首的可能派则主张只提出在当时条件下可能实现的要求,提出改良主义。法国的工人运动受到很大的束缚。

1880年,为了向法国的工人阶级宣传马克思主义,反对工人运动中的机会主义,帮助法国工人建立革命政党,从而更好地推动工人运动发展,应法国工人党革命派、马克思的女婿拉法格的请求,恩格斯把《反杜林论》中"最重要的部分",即引论中的第一章"概论",第三编的一、二两章抽出来汇集在一起,作了一些修改后,由拉法格译成法文,同年5月在巴黎出版。原名叫《空想社会主义和科学社会主义》,1883年出德文版时改为《社会主义从空想到科学的发展》。由于这部著作通俗易懂,很快就在工人运动中传开,曾被译成十几种文字在世界各国工人阶级中广泛传播,它是马克思主义经典文献中影响较大的著作之一。

第二节 《社会主义从空想到科学的发展》的作者简介

恩格斯(1820—1895),德国革命家、思想家、哲学家,马克思的亲密战友,马克思主义的创始人之一,国际无产阶级的领袖。恩格斯1820年11月28日出生于德国莱茵省巴门市（今伍珀塔尔市）一个纺织厂主家庭。恩格斯少年时就学于巴门市立学校，1834年转入爱北斐特理科中学。1837年，在其父的坚持下，他辍学经商。恩格斯辍学后到不来梅一家商行供职。当时德国正面临民族统一和民主革命的任务，恩格斯被民主主义的政治思想所吸引，同青年德意志运动发生联系。尽管他中学未毕业就辍学经商，但是他一直坚持自学。他勤奋好学，天资聪颖，积极投身于理论研究和社会现实，知识也很渊博。恩格斯19岁时，匿名发表《乌培河谷来信》，揭露当时社会的阴暗面，抨击宗教的伪善，倾注了对劳动人民的同情。

一、恩格斯由唯心主义者向唯物主义者、由革命民主主义者向共产主义者转变

1841年9月，恩格斯到柏林服兵役。这期间，他曾经在柏林大学听课，参加青年黑格尔派的活动。1841年底和1842年初写出《谢林与启示》等三篇文章，批判谢林哲学，维护黑格尔的辩证法和青年黑格尔派。这些著作在当时引起了很大反响，最终迫使谢林辞去柏林大学的教职。这时，恩格斯在

政治上和世界观上虽然是一个民主主义者和唯心主义者,但他重视革命实践,重视理论和实践的统一。在实际斗争中,他逐步意识到黑格尔唯心主义哲学同德国现实之间的矛盾。同时,费尔巴哈《基督教的本质》一书对他影响很大,他开始向唯物主义者转变。

为认识资本主义社会的发展规律和无产阶级解放的条件,恩格斯进行了大量的科学研究工作。1842年11月,恩格斯到英国曼彻斯特的棉纺厂当职员,接触到真正的产业无产阶级。他积极参加工人们的集会和斗争,并和工人运动领袖建立联系。他分析英国的社会状况,研究资产阶级经济学家以及空想社会主义者的著作,为宪章运动机关报《北极星报》和马克思主编的《莱茵报》撰稿。1844年3月,在《德法年鉴》上发表《政治经济学批判大纲》和《英国状况——评托马斯·卡莱尔的〈过去和现在〉》两篇文章,以社会主义观点考察资本主义经济制度,指明一切弊端都是资本主义私有制统治的结果,论述消灭私有制和社会主义革命的不可避免性,指出了无产阶级的历史使命。这清楚地表明恩格斯已经完成由唯心主义者向唯物主义者、由民主主义者向共产主义者的转变。

二、恩格斯与马克思合作,创立和丰富了马克思主义

恩格斯与马克思建立了深厚的友谊。1844年8月,恩格斯在回德国途中拜访侨居巴黎的马克思,两人相见恨晚,一拍即合,决定共同为创立科学社会主义理论和为无产阶级的解放事业而奋斗。同年9月,恩格斯与马克思合写《神圣家族》一书,批判黑格尔哲学中的唯心主义,阐述辩证唯物主义和历史唯物主义的一些重要原理。1845—1846年间两人合著《德意志意识形态》一书,指出物质生活资料的生产是社会存在和发展的基础,社会存在决定社会意识,系统地论述生产力和生产关系之间的辩证关系,探讨历史上各种所有制的形式,论证资本主义灭亡和社会主义胜利的必然性。这部著作是对历史唯物主义第一次系统的阐述。1845年,恩格斯根据他在英国进行大量调查研究的材料,写出《英国工人阶级状况》一书,第一次明确地指出无产阶级所处的政治经济地位必然推动它去争取自身的解放,作为工人阶级的政治斗争目标的社会主义成为了一种政治力量。

马克思和恩格斯把工人运动同科学社会主义结合起来。

1846年初，恩格斯和马克思在布鲁塞尔建立共产主义通讯委员会，进一步宣传科学社会主义，并同各国的社会主义团体建立联系。1847年，马克思、恩格斯应邀加入德国工人的秘密组织正义者同盟，并积极参加它的改组工作。恩格斯出席同盟在6月召开的第一次代表大会，向大会阐述科学社会主义的基本原理，把旧的同盟改组为共产主义者同盟。他先后起草两个纲领草案——《共产主义信条》和《共产主义原理》。恩格斯强调指出，共产主义理论是关于无产阶级解放的学说。在同年，同盟第二次代表大会期间，马克思、恩格斯受大会委托，在前两个纲领草案的基础上负责起草党的纲领。1847年12月—1848年1月，马克思和恩格斯合著《共产党宣言》，第一次公开升起共产主义运动的旗帜，是一个"周详的理论和实践的党纲"，1848年2月《共产党宣言》的发表，标志着马克思主义的诞生。

1848年欧洲爆发资产阶级民主革命。马克思、恩格斯为德国无产阶级制定了行动纲领《共产党在德国的要求》。德国三月革命爆发后，他们立即回国参加革命斗争。恩格斯亲自参加了南德和爱北斐特地区保卫革命成果的几次激烈战斗，显示出大无畏的革命精神和卓越的军事才能。革命失败后，恩格斯与马克思在伦敦会合，总结1848年革命的经验教训，准备重建同盟中央委员会和地方组织的相关工作，1850—1852年先后写了《德国维护帝国宪法的运动》、《德国农民战争》、《德国的革命和反革命》等著作，并与马克思合写《中央委员会告共产主义者同盟书》，分析革命失败的原因，论证工农联盟的必要性，总结无产阶级革命斗争的战略和策略，进一步丰富和发展了科学社会主义理论。

1850年，恩格斯重返曼彻斯特从事他十分厌恶的经商活动，以便在经济上接济马克思，使之能够完成《资本论》的写作。恩格斯曾经与马克思在伦敦生活过一段时间，这一年的生活中，马克思一家的困境，使他认识到只有一条出路才能摆脱这种困境，这就是：他重新去过那种令人讨厌的商人的生活，因为只有这样，才能使马克思及其一家免于挨饿，才能使他的朋友继续为无产阶级的利益从事研究和政治工作。恩格斯毫无怨言、心甘情愿地作出了这种牺牲，马克思对此万分感激。

恩格斯还研究自然科学和军事科学，就各种理论问题同马克思交换意见，撰写了大量军事、政治论文。恩格斯非常关心欧美各国工人运动的发展，除了直接拿起枪杆子参与工人阶级的解放运动外，他还通过信件和马克思讨论有关国际的重大问题。他很关心被压迫民族的解放斗争，写过不少论述波兰问题的文章。另外，他在《俄国在远东的成功》、《波斯和中国》等文章中，揭露沙皇俄国和英国对中国的侵略，预言今后必将看到"整个亚洲新纪元的曙光"。1870年9月，恩格斯从曼彻斯特迁居伦敦。10月，当选为第一国际总委员会委员。随后，发表《论权威》等名著，总结了巴黎公社革命的经验，批判了巴枯宁派的无政府主义思潮，捍卫并发展马克思主义理论。

马克思、恩格斯特别关心德国社会民主党的成长。在1875年爱森纳赫派与拉萨尔派合并时，恩格斯和马克思一起批评了爱森纳赫派领导人无原则妥协的错误和哥达纲领中的拉萨尔主义观点。两派合并后，杜林主义危及德国党的理论基础。1877—1878年恩格斯写出《反杜林论》，深刻批判杜林唯心主义先验论的哲学、庸俗的政治经济学和假社会主义，第一次系统地论证了马克思主义的哲学、政治经济学和科学社会主义原理，被誉为马克思主义的百科全书。1880年，把《反杜林论》一书理论部分中最重要的部分改编成《社会主义从空想到科学的发展》，这本小册子在法国和其他国家的工人中广为传播,被马克思称作"科学社会主义的入门"。

恩格斯研究辩证唯物主义自然观的形成和发展。他重视总结自然科学的新成就,批判自然科学领域的反动哲学思潮。从1873年开始,他对自然辩证法进行了研究,写了许多札记和片断。其中《劳动在从猿到人转变过程中的作用》一文,科学地解决了人类起源的问题。这些手稿在恩格斯逝世后被编成《自然辩证法》一书出版。这也是马克思主义理论宝库中的重要著作。

三、恩格斯坚持和发展马克思主义

马克思逝世以后,恩格斯担负了整理和出版马克思文献遗稿的工作。1885年和1894年先后出版《资本论》第二卷和第三卷,完成了马克思未竟之业,为坚持和发展马克思主义做出了巨大的贡献。1884年,恩格斯发表《家庭、私有制和国家的起源》一书,论述原始社会产生、发展和衰落的过程,揭示在私有制基础上形成的阶级对抗和作为阶级统治工具的国家的起源和实质,指明私有制、阶级、国家消亡和社会主义胜利的必然性,批判资产阶级学者、拉萨尔主义者以及无政府主义者关于国家问题的谬论。1886年,他发表《路德维希·费尔巴哈和德国古典哲学的终结》一书,系统地批判黑格尔的唯心主义和费尔巴哈的唯物主义的局限性及唯心史观,精辟地论述哲学的基本问题和唯物史观的基本原理。从1890年起,他在有关唯物史观的一系列著名通信中,驳斥了巴尔特等资产阶级学者以及德国党内"青年派"等机会主义者的观点,着重阐明上层建筑的积极作用,进一步论述意识形态相对独立性的原理,丰富和发展了历史唯物主义。

恩格斯肩负着指导国际共产主义运动的重担。1889年7月,在他的直接领导和关怀下,各国社会主义政党建立第二国际,进一步团结和发展了国际无产阶级的革命力量,使社会主义运动获得广阔的发展。他帮助和指导德、法、英等国社会主义政党开展反对"左"、右倾机会主义的斗争,并先后写出《1845—1885年的英国》、《〈论住宅问题〉一书第二版序言》、《〈法兰西内战〉一书导言》、《1891年社会民主党纲领草案批判》、《〈英国工人阶级状况〉1892年英国版序言》等序文和书信,深刻地批判了各种机会主义思潮,指导各国党制定正确的纲领和策略,丰富和发展了科学社会主义。1894年写出《法德农民问题》一文,指出无产阶级在争取实现无产阶级专政斗争中与农民结成联盟的必要性和可能性，阐述无产阶级在取得政权后引导农民走向农业合作化的纲领和步骤，强调应通过示范把他们逐步引向合作社的生产和占有。这是马克思主义关于农民问题的重要著作。1895年3月为马克思《1848年至1850年的法兰西阶级斗争》一书新版写了导言，分析和总结1848年以来无产阶级斗争条件和方法的变化。1895年8月5日恩格斯在伦敦病逝。骨灰罐遵照遗嘱投葬于英国伊斯特勃恩岩崖附近海滨。

第三节 《社会主义从空想到科学的发展》的主要内容

《社会主义从空想到科学的发展》是一部阐述科学社会主义的思想来源、理论基础和基本原理的重要著作。它考察了资本主义社会的基本矛盾，剖析了资本主义经济发展中的现象。总结了科学社会主义产生、发展的经验教训，指明了科学社会主义的思想来源，阐述了科学社会主义的理论基石，论证了社会主义代替资本主义的历史必然性，科学预测了理想社会的基本特征。它指导各国无产阶级政党发展壮大，促进国际共产主义运动的前进。《社会主义从空想到科学的发展》是恩格斯的一部全面阐述科学社会主义基本内容的代表作，是一篇深刻揭示科学社会主义发展规律的光辉著作。

这部著作主要有一篇前言、两篇序言、一篇导言和三章正文。其中1882年撰写的德文版序言和1892年撰写的英文版导言对理解这部著作有重要意义。

一、空想社会主义是科学社会主义的思想来源

正文部分第一章，主要阐发空想社会主义的产生、发展、历史功绩和局限性，说明三大空想社会主义是科学社会主义的直接理论来源。

首先，恩格斯指出科学社会主义产生的经济根源和思想理论来源。18世纪的法国启蒙学者，是新兴的资产阶级的革命思想家，他们以理性作为衡量一切的尺度，对封建制度进行了无情的批判，为资本主义的发展开辟道路，为资产阶级反对封建制度的革命做舆论准备。但是，启蒙学者的历史观是唯心主义的，他们不是把生产方式，而是把理性看作是人类活动和社会结合的基础，他们所谓的理性王国也不过是

资产阶级理想化的共和国。19世纪初期的三大空想社会主义学说，正是把18世纪法国启蒙学者的理性论作为自己理论的出发点。恩格斯指出，任何一种理论都有物质根源和思想根源。科学社会主义就思想根源来说，其理论来源于空想社会主义。

其次，恩格斯阐述空想社会主义的思想渊源、历史条件和发展阶段，并着重阐述三大空想社会主义者的理论贡献及其理论缺陷。主要介绍启蒙学者的革命性与时代局限；空想社会主义与启蒙主义的关系；空想社会主义产生的社会背景、阶级原因、经济原因和对空想社会主义的简单评述；分别介绍圣西门、傅立叶和欧文的空想社会主义理论与实践；三大空想社会主义对现实社会的影响及评述。

恩格斯认为，三大空想社会主义与科学社会主义是"现代社会主义"的两个相互衔接的发展阶段。两者都是资本主义社会基本矛盾和阶级冲突在观念形态上的反映。前者是不成熟的、不完备的表现形式，后者是它的成熟的、完备的、科学的表现形式，前者是后者直接的思想理论来源。因此，恩格斯在本章中以主要篇幅评述了三大空想社会主义，既着重阐述了他们学说中的积极的、合理的因素，也指明了空想社会主义学说的历史局限性。

恩格斯认为启蒙学者所主张建立的理性王国就是资产阶级理想化的王国，他们的思想主张不过是资产阶级的社会政治主张。空想社会主义者揭露资本主义制度的弊病和罪恶，为科学社会主义的产生准备了条件。但是，他们同样把自己的学说看作偶然发现的人类理性和永恒真理。他们认为解决社会矛盾的办法仍然只能从头脑中产生，是思维着的理性的任务，没有能够从经济关系中发现并找到解决方案。因此，这种理论一开始就注定成为空想。

恩格斯认为，三大空想社会主义者的思想长期支配着19世纪英法等国的社会主义者，产生了各种"折中的不伦不类的社会主义"。它们的共同点都是建立在唯心史观基础上的，要使社会主义从空想变成科学，就必须"把它置于现实的基础之上"，也就是建立在对资本主义社会的经济关系和阶级关系的分析和批判基础上。

二、唯物史观和剩余价值理论使社会主义从空想到科学

正文部分第二章，恩格斯着重论述科学社会主义的理论

基础，概述辩证法的形成、发展过程和唯物辩证法产生的重大意义，批判黑格尔理论的局限性，阐述唯物史观和剩余价值学说的发现使社会主义由空想变成科学。

恩格斯阐述了对形而上学思维方式的基本看法，指出只有用辩证的方法，才能精确地描绘宇宙即人类的发展。他指出，辩证法同形而上学的斗争贯穿于整个哲学的发展过程，这种斗争是和社会主义历史以及科学的发展紧密相连的。在马克思主义产生以前，这种斗争表现为一种相互更替的过程，经历了三个发展阶段——自发的辩证法的统治、形而上学的统治、自觉辩证法的统治。这是一个不断发展、上升的过程。

他指出，人类最早是自发的、朴素的辩证法。后来，为了认清各种事物，人们把自然界分解为各个部分，而且进行分门别类的研究。这种做法给人们带来很大影响，孤立地考察各种事物的方法被移植到哲学中去，从而形成了形而上学的思维方式。要精确地描述自然界和人类社会的发展，只有用辩证的方法才能做到。近代德国哲学家黑格尔的伟大功绩，就是恢复了辩证法的思维方式。他认为，整个自然的、历史的和精神的世界是一个过程，它处于不断的运动变化和发展中。黑格尔试图揭示这种运动和发展的内在联系。但是，黑格尔的唯心主义体系没有解决这一任务。黑格尔的辩证法是唯心的，他的唯心主义与辩证法之间存在着不可克服的矛盾，导致黑格尔体系的流产，标志着旧哲学的终结。所以，恩格斯指出，"了解了以往的德国唯心主义的完全荒谬，这就必然导致唯物主义"。这个历史任务则是由马克思完成的。

恩格斯运用唯物辩证法研究了人类社会的历史发现。以往的全部历史，除原始状态外，都是阶级斗争的历史；这些互相争斗的阶级都是自己时代的经济关系的产物；每一时代的经济关系的总和构成社会经济基础，能够说明全部上层建筑。这是一种与唯心史观截然不同的、崭新的历史观，即唯物史观。唯物主义历史观将社会主义建立在现实基础之上，克服了空想社会主义的局限，找到了社会存在与发展的规律和道路。

恩格斯指出，运用唯物史观分析资本主义生产关系，会发现，资本主义生产方式本质上是资本家无偿占有工人的劳动，工人创造的剩余价值是资本家利润和财产的来源。剩余价值理论的发现，揭露了资本主义剥削的秘密和实质，使社会主义理论建立在科学的理论分析和逻辑论证基础之上。由此，唯物史观和剩余价值理论的创立使社会主义从空想变成了科学。

三、社会主义代替资本主义的历史必然性

正文部分第三章，恩格斯用唯物史观的基本原理分析人类社会的基本矛盾及其表现，揭示资本主义必亡社会主义必胜的客观规律，论述无产阶级革命的力量、道路以及社会主义和共产主义的基本特征。

恩格斯集中论述了唯物史观的基本原理。恩格斯指出，生产和交换是社会制度的基础。生产是以一定的生产关系联系起来的人们，通过改造自然，创造物质资料的过程。物质资料的生产是人类社会存在和发展的基础。交换是人们相互交换活动和劳动产品的过程。交换存在于一切社会形态中，狭义上是指商品交换。生产和交换是相互依存并相互制约的。生产决定着交换，交换反作用于生产，推动或阻碍社会发展。它们共同构成社会制度的基础。

恩格斯指出，产品的分配和阶级的划分是由生产决定的。生产决定分配的种类和数量，随着生产的发展，被用来

分配的物质财富的种类和数量才会越来越多。生产的性质决定分配的性质。资本主义生产是剩余价值的生产，劳动产品的一部分被资本家无偿占有，产品分配有利于资产阶级，不利于无产阶级。阶级是一定历史阶段的产物，生产决定了阶级的划分。当生产力水平低下时，没有剩余产品，也就没有产生剥削和阶级的可能。只有当生产力发展了，出现了剩余产品，才会出现一部分人占有另一部分人的劳动。生产资料私有制产生以后，社会有了剥削，也就出现了阶级、阶级差别与阶级对立。

恩格斯指出，新的生产方式形成了资本主义社会的基本矛盾。新的生产方式是指资本主义生产方式。在前资本主义社会中，存在着小生产的生产方式。生产者占有生产资料，生产资料归私人所有，生产过程也是个人的、分散的行动，生产资料仅供个人使用，生产规模不大。生产的产品归生产者自己所有。资本主义的生产方式，把生产从手工劳动发展到机器大工业生产，实现了生产的社会化。生产本身从个人的行为变成了社会行为，产品由个人的产品变成了社会的产品。但是资本主义社会的所有制形式是资本主义私人占有制，生产资料和社会产品归资本家所有，资本家对雇佣劳动者进行剩余价值的剥削，以获得更多财富。这样就形成了资本主义社会的基本矛盾，即社会化大生产与资本主义私人占有之间的矛盾。它表现为两个方面：其一，表现为无产阶级与资产阶级的矛盾；其二，表现为个别企业生产的有组织、有计划与整个社会生产的无政府状态之间的矛盾。正是这种资本主义社会的不可调和的矛盾决定了资本主义社会必然灭亡，社会主义社会必然胜利。

恩格斯指出，资本主义的股份公司、垄断组织和国有化的出现，不可能从根本上克服危机。相反，使资本主义矛盾更加激化。恩格斯对股份公司、垄断组织和国家干预等资本主义发展的新现象作了深刻的分析。他指出，所有这些都是资本主义的占有形式，根本不能消除生产力的资本属性。相反，会进一步加剧垄断集团之间的竞争，使阶级对立更加尖锐。不仅如此，还包含着解决冲突的形式上的手段和线索，这就是无产阶级革命，用社会主义生产方式代替资本主义生产方式。

恩格斯指出，资本主义的生产方式造就了变革生产关系的力量。资本主义生产方式，一方面使财富积累到资产阶级手中，另一方面使无产阶级更加贫困，这会导致社会两极分化，导致无产阶级和资产阶级矛盾的激化。资本主义生产方式造就了无产阶级成为社会变革的积极力量，而且资本主义的生产方式也指明了社会变革的方向和道路。无产阶级必须进行暴力革命，打碎资产阶级国家机器，建立无产阶级专政，通过无产阶级国家对生产资料实行社会占有。生产资料的社会占有，为社会化大生产开辟了广阔的空间，为生产力的迅速发展和生产的无限增长创造了先决条件。这种以生产资料社会占有为基础的生产关系的建立，将最大程度促进社会生产力的发展。

恩格斯接着论述了由资本主义转化为社会主义的变革力量和途径。恩格斯在深刻分析资本主义生产方式的基础上，对未来新社会即社会主义社会和共产主义社会的基本特征作了科学的预测。恩格斯最后对本章的基本内容又作了进一步的概括，阐述了科学社会主义的任务，就是要使无产阶级掌握科学社会主义理论，认识到自己的历史使命及无产阶级解放的条件和性质以及最终实现无产阶级解放全人类的历史使命。

第四节　理论意义与现实意义

《社会主义从空想到科学的发展》划清了马克思主义同

各种机会主义的界限,促进工人运动和马克思主义的结合,推动各国工人阶级推翻资产阶级和资本主义社会,为建设社会主义起到积极作用,具有重要的理论意义和现实意义。

一、理论意义

作为科学社会主义的理论经典,这部著作按照社会主义从空想到科学这一主线,系统地论述科学社会主义的思想来源、理论基础和社会历史发展的客观规律及历史趋势,具有重要的理论意义。

第一,空想社会主义是科学社会主义的思想来源。恩格斯指出,19世纪三大空想社会主义是科学社会主义的直接理论来源。三大空想社会主义是不成熟的无产阶级思想的产物。它是对法国启蒙学者的理论及原则的进一步发展,也是以往空想社会主义发展的必然产物。

恩格斯既肯定了空想社会主义者的历史功绩,也批判了他们的历史局限。他指出空想社会主义者用唯心史观观察社会历史,把理性作为衡量历史的唯一尺度。空想社会主义脱离了社会实际,找不到实现社会主义的依靠力量和现实途径。恩格斯指出,要使社会主义由空想变为科学,必须把它建立在科学和现实的基础之上，用唯物史观代替唯心史观。

恩格斯论述了科学社会主义理论的形成既有物质经济根源，又有思想理论根源。科学社会主义是继承人类思想文化中优秀成果，特别是近代欧洲的哲学、历史、经济和自然科学的研究成果形成的文明社会形态。空想社会主义是科学社会主义的直接思想来源。这部著作深入浅出地阐明了这一理论问题，对于科学社会主义理论的形成和发展具有重要理论意义。

第二，"两大发现"为科学社会主义奠定坚实的理论基础。恩格斯指出，唯物辩证法为科学社会主义的创立提供了科学的世界观和方法论。他用唯物辩证法分析人类社会特别是资本主义社会时发现，至今为止，除原始社会外，人类社会发展历史，就是阶级斗争的历史。阶级斗争是源于物质经济利益的根本对立。社会存在决定社会意识，社会历史发展的深层次原因必须要到社会物质经济根源中去寻找。

恩格斯指出了马克思一生的两个伟大发现，即唯物史观和剩余价值学说，为科学社会主义的产生奠定了坚实的理论基础。恩格斯指出："由于这些发现，社会主义变成了科学。"恩格斯指出，唯物史观的创立揭示了社会发展的一般规律。他也高度赞扬了马克思运用唯物史观创立的剩余价值学说。剩余价值学说揭露了资本家剥削的秘密在于对工人的剩余劳动的无偿占有，说明无产阶级与资产阶级的矛盾是对抗性的矛盾，这种社会矛盾只有通过社会革命，推翻资本主义制度，建立社会主义社会才能最终解决。唯物史观和剩余价值理论为科学社会主义理论奠定了坚实而科学的理论基础。

第三，"两个必然"及相关理论揭示了科学社会主义发展的历史规律。恩格斯论述了社会主义代替资本主义的历史必然性。他运用唯物史观深刻分析资本主义社会的基本矛盾，指出资本主义的基本矛盾是社会化大生产与资本主义私人占有之间的矛盾。这个矛盾表现为两个方面，一是无产阶级和资产阶级的对立，二是个别工厂中的生产有组织性与整个社会生产的无政府状态之间的对立。资本主义基本矛盾的恶化，必然导致资本主义社会经济危机的出现。经济危机使社会生产力遭到极大破坏，使无产阶级的贫困状态雪上加霜。这表明，资本主义生产关系已经不适应生产力的进一步发展。生产力的社会属性要求打破资本主义私有制，建立适应社会化大生产发展要求的社会主义生产关系，这是历史发展的必然。

恩格斯进一步揭示了"两个必然",即资本主义社会必然灭亡、社会主义社会必然胜利的社会发展客观规律和社会发展趋势。指明了无产阶级革命的力量和道路,指出了社会发展客观规律和社会发展趋势,描述了社会主义社会和共产主义社会的基本特征。这些基本原理和相关理论对进一步发展科学社会主义理论具有重要理论意义。

二、现实意义

《社会主义从空想到科学的发展》一书具有重要的现实意义。恩格斯以唯物史观为指导,科学地分析论证社会主义必然取代资本主义,使人们认识到科学社会主义的科学性,作为各国工人阶级的指导,理论可以说服人、征服人。它有助于我们运用科学社会主义理论去分析当代资本主义和社会主义的发展,坚定建设有中国特色社会主义的信心,坚定社会主义信念,不断推进社会主义事业的发展。

第一,它指导人们正确认识当代资本主义社会的现实和本质。

19世纪末20世纪初,资本主义发展到了帝国主义阶段,出现了垄断，表现出一些新的特点。一是由于新技术的运用，生产力高速发展，经济发展出现表面上的繁荣。二是国家对经济一定程度的干预，使社会生产减少无序的混乱状态，具有一定程度的组织性和计划性，降低了经济危机的危险。三是实行高福利、高工资政策，一定程度上缓解了劳资矛盾。因此，有人认为马克思、恩格斯的理论已经过时了，资本主义比社会主义更具有旺盛的生命力，这种看法是肤浅的、表面的认识。

资本主义经济的暂时繁荣得益于资本主义发展几百年来物质基础的积累。资本主义世界的新变化正是不断尽力调整资本主义私人占有与社会化大生产之间的矛盾，尽力解除私人占有制对生产的极大束缚，这一方向正是马克思指出的社会主义方向。生产力发展证明了这个方向是正确的，如果没有私人占有制的束缚，生产力的发展会有更广阔的空间。但是，在资本主义社会里，资本主义的基本矛盾是贯穿始终的，它是由资本主义物质生产方式决定的，是不能彻底消灭的，它只能暂时地缓解和调整。只要资本主义制度存在，资本主义社会的基本矛盾就无法消除，私人占有与社会化生产的矛盾就不能解决，无产阶级与资产阶级的矛盾就不能解决。垄断并没有改变资本主义社会的性质，追求剩余价值仍然是资本主义生产运转的轴心，资本主义必然要对内剥削，对外扩张。这一本质是不会改变的。

第二，它有助于坚定人们对于社会主义的信念。

恩格斯指出，资本主义必然灭亡、社会主义必然胜利是人类历史发展的必然，是社会基本矛盾运动的必然结果。这是唯物史观和剩余价值理论通过论证得出的科学结论。中国走向社会主义道路是由中国社会客观历史条件决定的，是科学社会主义理论指导下的社会主义革命和社会主义建设的成果。

社会发展具有客观规律性，历史发展的大趋势是客观的，但是由这种客观性所决定的发展模式不是唯一的，在社会发展的客观趋势中有多种可能。社会发展中也会有人的选择，但是这种选择是在客观趋势规定的多种可能性中的人的选择。社会发展是主客观条件的统一，是必然性与偶然性的统一。社会形态的发展是同一性与多样性的统一，前进性与曲折性的统一。

社会主义制度是同社会化大生产相适应的，代表未来社会的发展方向。随着生产力的发展和生产社会化程度的不断提高，随着社会文明程度的提高，随着社会主义各项制度的完善，社会主义将日益显示出其巨大的优越性。实践会证明科学社会主义理论的正确，科学正确的社会主义理论会使人们产生对于社会主义的愈来愈坚定的信念。

第三，它有助于推进中国特色社会主义事业的发展。

社会主义从空想到科学的发展过程告诉人们这样的道理：社会主义必须建立在现实的基础之上，脱离社会现实必定陷入空想，进而导致社会主义的失败。科学社会主义创立的过程，就是把社会主义理论建立在社会主义实践运动之上，是在现实中分析批判资本主义社会的结果。一百多年的国际共产主义运动的历史充分证明了这一点。社会主义由理想到现实的飞跃是从现实出发、理论与实践相结合的结果。中国特色的社会主义建设道路也是马克思主义基本原理与中国具体实践相结合的产物，推进中国特色社会主义事业的发展是这部著作给予我们的宝贵启示。

在这部著作中，恩格斯特别强调大力发展社会生产力，满足人们充分发展的需要，这是建设社会主义的前提。这一点在今天看来也具有重要的现实意义。中国正处在社会主义初级阶段，当前社会中的主要矛盾是人民日益增长的物质文化需要和落后的社会生产之间的矛盾，只有大力发展社会生产力，才能更好地解决其他社会矛盾和社会问题。这与邓小平的理论观点和中国社会发展实践不谋而合，对建设具有中国特色的社会主义实践具有指导意义。

在这部著作中，恩格斯将马克思主义理论大众化。从理论到实践是认识过程的重要飞跃，这就需要理论必须为群众所掌握。马克思主义理论博大精深，必须要深入浅出，才能更好地教育群众、指导群众。恩格斯的这部著作正是将科学社会主义理论大众化，文章通俗易懂，对科学社会主义理论的普及和发展具有重要的现实意义。

第二章　序言及导言解读

　　本章介绍《社会主义从空想到科学的发展》一书的相关序言和导言的基本内容。这部著作有一篇前言、两篇序言和一篇导言，即1880年马克思写的法文版前言，1882年德文第一版序言，1891年德文第四版序言，1892年英文版导言。序言是理解本书内容的重要组成部分。在序言和导言中，作者介绍了写作意图、经过和撰写内容上的安排。其中1882年德文第一版序言和1892年英文版导言内容较为丰富重要。

第一节　法文版前言的主要内容

　　在1880年马克思写的法文版前言中，主要介绍以下几个方面内容：

一、介绍文章的来源及出处

《社会主义从空想到科学的发展》一书的内容来自1878年在莱比锡出版的恩格斯的著作《反杜林论》书中的三章。恩格斯将之汇纂在一起,并增加了若干比较详细的说明,交他的朋友保尔·拉法格译成法文,经恩格斯校阅后最初发表在《社会主义评论》上,后来于1880年在巴黎出版了法文版单行本,书名为《空想社会主义和科学社会主义》,1883年出版德文版时,改名为《社会主义从空想到科学的发展》。

二、介绍恩格斯是社会主义最杰出的代表人物之一

马克思通过恩格斯的著作及相关社会活动及贡献,介绍恩格斯是社会主义最杰出的代表人物之一。恩格斯的著作《政治经济学批判大纲》、《英国工人阶级状况》、《论俄国的社会问题》、《德意志帝国国会中的普鲁士烧酒》、《论住宅问题》、《行动中的巴枯宁主义者》等具有重要意义。恩格斯是《新道德世界》、《新莱茵报。政治经济评论》、《人民国家报》和《前进报》的撰稿人,是《新莱茵

报》的编辑，是《德意志-布鲁塞尔报》的创办人之一。恩格斯和马克思建立了德意志共产主义工人协会，这个协会同佛兰德和瓦隆的工人俱乐部保持了联系。恩格斯参加国际性的革命群众团体共产主义者同盟，并和马克思一起为同盟起草了纲领《共产党宣言》，该书出版后被广为传播。恩格斯致力于建立由资产阶级激进派代表和无产阶级工人代表组成的布鲁塞尔民主协会的工作。在1849年6月到7月间，他作为志愿军团指挥官维利希的副官参加了反对普鲁士人的巴登起义。他参加了国际总委员会并被委托负责同西班牙、葡萄牙和意大利的通信联系。恩格斯为国际工人运动及社会主义运动做出了巨大贡献。

三、介绍这部著作的写作背景、影响及评价

《社会主义从空想到科学的发展》是恩格斯为《前进报》撰写的，题为《欧根·杜林先生在科学中实行的变革》的一组论文，是对欧根·杜林先生关于一般科学，特别是关于社会主义的所谓新理论的回答。这些论文已经集印成书，在德国社会主义者中获得了很大的成功。在这本小册子中，恩格斯摘录了这本书的理论部分中最重要的部分。马克思高

度评价恩格斯的这部著作是"科学社会主义的入门"。

第二节 德文版序言的主要内容

德文版序言有两个版本,一是1882年德文第一版序言,二是1891年德文第四版序言。

一、德文第一版序言的主要内容

1882年德文第一版序言的主要内容有以下几方面:

首先,介绍《社会主义从空想到科学的发展》一书的由来及德文版出版的目的。这篇论文是由1878年在莱比锡出版的恩格斯的著作《反杜林论》中的三章集合而成的。由保尔·拉法格译成法文,经恩格斯校阅,最初发表在《社会主义评论》上。1880年在巴黎印成单行本出版,书名为《空想社会主义和科学社会主义》。由于拉法格的译本获得了成功,苏黎世的《社会民主党人报》编辑部认为,在德国社会民主党内普遍感到迫切需要出版新的宣传小册子,问恩格斯是否愿意把这三章用于这一目的。恩格斯同意并把这一著作交给他们处理。

其次，介绍德文版出版前，在形式和内容上的修改及想法。为了将这一纯学术性的著作更适用于直接的宣传，恩格斯在形式上作了些修改，主要是针对大量的外来语，恩格斯只删去一些不必要的外来语，而对于那些必不可少的外来语，并没有加上所谓解释性的翻译，因为这些外来语大部分是通用的科学技术用语，翻译可能歪曲这些用语的含义，这样做不但解释不清楚，反而会造成混乱。在内容上，对德国工人来说困难不多。恩格斯加上许多说明主要是为了澄清有些人对社会主义的误解。

最后，阐述辩证法和科学社会主义的关系。恩格斯认为只有用辩证法才能在斗争中创立唯物史观。他指出，唯物主义历史观及其在现代的无产阶级和资产阶级之间的阶级斗争上的特别应用，只有借助于辩证法才有可能。德国是重视理论的国家，近代史上有著名哲学大师康德、谢林、黑格尔、费希特等。德国是有辩证法传统的国家，科学社会主义本质上是德国的产物。当然，科学社会主义不仅仅是德国的产物，也是国际工人运动的产物。

二、德文第四版序言的主要内容

1891年德文第四版序言没有太多重要内容。主要介绍了

《社会主义从空想到科学的发展》德文第一版出版以后反响不错，已经印行三版，总数达一万册。同时，又出版了几种外文译本，如意大利文、俄文、丹麦文、西班牙文、荷兰文等版本。另外指明本版作了一些小的修改，主要是在第一章中关于圣西门的补充和在第三章接近末尾处关于新的生产形式"托拉斯"的补充。

第三节　英文版导言的主要内容

1892年英文版导言是《社会主义从空想到科学的发展》一书的最重要的导言，是理解这部书内容的重要部分。在英文版导言中，着重分析了资产阶级怎样从革命的阶级走向反动的阶级，并揭示唯物主义与宗教、历史唯物主义与历史唯心主义斗争的阶级实质和历史过程，教育无产阶级要用唯物史观和科学社会主义思想来武装自己，去推翻资本主义制度。

17世纪时，英国是欧洲的现代唯物论的最初发祥地，为什么到了19世纪唯物论在英国反而遭仇视呢？为什么当时英国资产阶级要抓住宗教而反对唯物论呢？其他国家的资产阶级，如德、法资产阶级开始也是拥护唯物论的，为什么后来也像英国资产阶级一样反对唯物论而开始宣传宗教呢？宗教对资产阶级到底有什么用处？恩格斯在导言中对这些问题进行了分析，其目的在于通过对资产阶级对唯物主义、对宗教态度的变化的分析，使英国工人阶级认清资产阶级和宗教的本质，帮助英国工人阶级摆脱唯心主义和宗教的影响，接受科学社会主义，推进英国工人运动的发展。

主要阐述四个方面的内容。

一、近代唯物主义的发展过程

恩格斯阐述了近代唯物主义的发展过程，批判英国资产阶级用宗教对抗唯物主义的错误。恩格斯指出，英国唯物主义的真正始祖是培根。在培根看来，自然哲学才是真正的哲学，而以感性经验为基础的物理学是自然哲学的最重要的部分。但是培根的唯物主义充满了感性光辉和神学的不彻底性。唯物主义在以后的发展中变得片面了。霍布斯把培根的唯物主义系统化了，从感性之物变成理智之物。但他没有论证培根关于人类的全部知识起源于感性世界的基本原理。洛克在他的《人类理智论》中对此作了论证。霍布斯消除了培根唯物主义中的有神论的偏见；柯林斯、多德威尔、考尔德、哈特莱、普利斯特列也同样消除了洛克感觉论的最后的神学藩篱。然而，不可思议的是英国几乎所有有教养的人都相信各种各样不可思议的奇迹，即宗教。恩格斯鼓励人们要敢于凭自己的智力思考宗教问题。恩格斯指出他们的不列颠祖先在200年前已经走得比今天的后代子孙所敢于走的要远得多。

二、资产阶级提倡宗教、反对唯物主义的原因

恩格斯揭露英国资产阶级用不可知论对抗辩证法以维护宗教的实质。分析资产阶级从提倡唯物主义反对宗教发展到提倡宗教反对唯物主义的原因。揭示唯物主义与唯心主义、唯物主义与宗教斗争的阶级实质和历史过程。

恩格斯根据资本主义的发展考察了资产阶级从提倡唯物主义反对宗教发展到提倡宗教反对唯物主义的发展过程。14世纪左右，英国资本主义处于简单协作阶段，当时宗教占统治地位，唯物主义观点随着资本主义的发展而有所发展。17世纪以来，资本主义进入了工场手工业阶段，资产阶级为发展社会生产力，需要自然科学，所以提倡唯物主义，反对宗

教迷信。但是，19世纪中叶，英国从工场手工业过渡到大机器生产阶段，资产阶级一方面为发展资本主义需要自然科学而提倡唯物主义，另一方面由于资产阶级和无产阶级的矛盾日益尖锐，工人运动有了很大发展，所以资产阶级又转向宗教，以此作为操纵人民的工具，不可知论就是在这种历史条件下产生出来的。

恩格斯列举休谟和康德的不可知论，并进一步分析、批判了不可知论的错误，指出了物质第一性，意识第二性，世界是可以认识的；实践是认识的基础，也是检验真理的标准，不断地实践，就能不断地发展认识。不能说世界不能被认识，只能说还有很多我们尚未认识的需要我们去认识，也不能因为我们还没有认识，就认为世界不能被认识。

恩格斯指出，由于不可知论者无法肯定或否定已知世界之外的某个最高存在物的存在，他们不承认其在自然观上是唯物主义的。但是，在整个现存世界之外还有一个最高存在物，这本身就是一种矛盾。只要我们正确地训练和运用我们的感官，使我们的行动只限于正确地形成和正确地运用的知觉所规定的范围，我们就会发现，我们行动的结果证明我们的知觉符合所感知的事物的客观本性。而新康德主义的不可知论者这时就说：我们可能正确地感知事物的特性，但是我们不能通过感觉过程或思维过程掌握自在之物。但是，现实已经证明，这些不可理解的自在之物，由于科学的长足进步，已经接二连三地被理解、分析，甚至重新制造出来了；不能把我们能够制造的东西当作是不可认识的。不可知论者相信宗教只是由于：当他是一个科学家的时候，当他还知道一些事情的时候，他是一个唯物主义者；可是，在他的科学以外，在他一无所知的领域中，他就把他的无知称之为不可知论。

三、资产阶级从革命走向反动的原因

恩格斯考察了资产阶级与宗教的关系。恩格斯揭露英国资产阶级敌视唯物主义、执迷于宗教的历史根源和阶级根源，分析资产阶级如何从革命走向反动，捍卫和阐明了科学社会主义的理论基础——唯物史观。

资产阶级逐渐转向宗教的过程是与英国国内阶级矛盾的发展相一致的。在反对封建制度的斗争中，如果没有农民和城市平民的支持与参加，单靠资产阶级决不能把斗争进行到底。所以资产阶级把斗争矛头指向了宗教，因为宗教是封建制度的支柱和中心。但是当资产阶级成了统治阶级的一部分以后，就抛弃了人民，开始与统治阶级的其他部分一起镇压广大劳动群众，在思想上就是用宗教来操纵人民，宗教的影响是资产阶级镇压劳动人民群众的手段之一。政治上，扩大了选举权，这一方面是"迫不得已"，另一方面也是"从长计议"，拉拢无产阶级。这样，资产阶级最终从革命走向反动。

恩格斯指出，资产阶级执迷于宗教的历史原因是他们可以像以往的统治者一样用宗教来操纵人民的灵魂，阶级原因是唯物主义的兴起。唯物主义遭受中等阶级仇视，既是由于它是宗教的异端，也是由于它具有反资产阶级的政治联系。唯物主义从英国传到法国，它的革命性就显露出来，唯物主义就以其两种形式中的这种或那种形式——公开的唯物主义或自然神论，成为法国一切有教养的青年信奉的教义。于是，唯物主义和自由思想越是在大陆上普遍地真正成为一个有教养的人所必须具备的条件，英国的中等阶级就越是要顽固地坚守各种各样的宗教信条。这些信条可以各不相同，但全都是地道的宗教信条、基督教信条。

四、宗教不能改变资本主义必然灭亡的历史规律

恩格斯指出宗教不能改变资本主义必然灭亡的历史规律，指出社会主义要在欧洲取得胜利，需要各国无产阶级的共同努力。恩格斯指出，宗教不能"长期成为资本主义社会的保护物"，"任何宗教教义都不足以支持一个摇摇欲坠的社会"，宗教挽救不了资本主义制度。无论英国资产者的宗教执迷，还是大陆资产者的事后皈依宗教，恐怕都阻挡不了日益高涨的无产阶级的潮流。宗教也不能永保资本主义社会的平安。不能抵抗因这种经济关系的完全改变所产生的影响。但是，欧洲工人阶级的胜利不是仅仅取决于英国。恩格斯在导言的最后还谈到了英国工人运动的发展及社会主义如何在英国胜利的问题，说明英国工人运动正在发展，并在逐步吸收科学社会主义思想，科学社会主义正在被越来越多的人所接受，至少需要英、法、德三国的共同努力，才能保证胜利。在法国和德国，工人运动远远地超过了英国。在德国，工人运动的胜利甚至指日可待了。德国工人阶级则充分证明了自己具备政治才能、纪律、勇气、活力和毅力等这些品质。

第三章 科学社会主义的思想来源

《社会主义从空想到科学的发展》正文第一章主要阐发空想社会主义的产生、发展、历史功绩和局限性，说明三大空想社会主义是科学社会主义的直接理论来源。这一章主要有两部分内容：第一部分指出科学社会主义产生的经济根源和思想理论来源，第二部分阐述空想社会主义的思想渊源、历史条件和发展阶段，并着重阐述三大空想社会主义者的理论贡献及其理论缺陷。

第一节 主要内容介绍

一、科学社会主义的思想理论来源

第一部分指出科学社会主义产生的经济根源和思想理论来源。18世纪的法国启蒙学者，以理性作为衡量一切的尺度，对封建制度进行了深刻的批判，为资本主义发展开辟道路，为资产阶级革命做舆论准备。但是，启蒙学者的历史观是唯心主义的，他们不是把物质资料的生产方式，而是把理性看作人类活动和社会发展的基础，他们所谓的理性王国也不过是资产阶级的理想化的共和国。而19世纪初期的三大空想社会主义学说，把18世纪法国启蒙学者的理性论作为自己的理论出发点。恩格斯指出，任何一种理论都有物质根源和思想根源。就物质经济根源来说，现代社会主义，是对现代社会中普遍存在的有财产者和无财产者之间、资本家和雇佣工人之间的阶级对立以及生产中普遍存在的无政府状态这两个方面进行考察的结果。就思想根源来说，其理论来源于空想社会主义。

二、空想社会主义的产生及评述

第二部分阐述空想社会主义的思想渊源、历史条件和发展阶段，并着重阐述三大空想社会主义者的理论贡献及其理论缺陷。这部分主要内容有五个方面：启蒙学者的革命性与时代局限；空想社会主义与启蒙主义的关系；空想社会主义的产生（社会背景、阶级原因、经济原因和对空想社会主的简单评述）；分别介绍圣西门、傅立叶和欧文的空想社会主义理论与实践；三大空想社会主义对现实社会的影响及评述。

（一）启蒙学者的革命性与时代局限

恩格斯说，启蒙学者不承认任何权威。思维着的知性成了衡量一切的唯一尺度，理性的王国才开始出现。迷信、非正义、特权和压迫，必将为永恒的真理、永恒的正义、基于自然的平等和不可剥夺的人权所取代。然而，这个理性的王国不过是资产阶级的理想化的王国。永恒的正义在资产阶级的司法中得到实现；平等归结为法律面前的资产阶级的平等；被宣布为最主要的人权之一的是资产阶级的所有权；而理性的国家、卢梭的社会契约在实践中表现为资产阶级民主共和国。18世纪伟大的思想家们，也同他们的一切先驱者一样，没有能够超出他们自己的时代使他们受到的限制。

（二）空想社会主义与启蒙主义的关系

空想社会主义者和启蒙学者一样，并不是想首先解放某一个阶级，而是想立即解放全人类；想建立理性和永恒正义的王国。但是他们的王国和启蒙学者的王国是有天壤之别的。按启蒙学者的原则建立起来的资产阶级世界是不合理性的和非正义的。"为革命做了准备的18世纪的法国哲学家们,把理性当作一切现存事物的唯一的裁判者。"但是,"这个永恒的理性实际上不过是恰好那时正在发展成为资产者的中等市民的理想化的知性而已。因此,当法国革命把这个理性的社会和这个理性的国家实现了的时候,新制度就表明,不论它较之旧制度如何合理,却绝不是绝对合乎理性的。理性的国家完全破产了"。财产自由,对小资产者和小农说来,变成了失去财产的自由。劳动群众的贫穷和困苦成了社会的生存条件。拜金主义、犯罪现象、商业欺诈、无序竞争、贿赂现象、生活腐化现象层出不穷。同启蒙学者的华美诺言比起来,由理性的胜利建立起来的社会制度和政治制度竟是一幅令人极度失望的讽刺画。空想社会主义者认为:真正的理性和正义至今还没有统治世界,这只是因为它们没有被人们正确地认识。所缺少的只是个别的天才人物,至于天才人物何时出现,则是一种侥幸的偶然现象。"而这种人随着新世纪的到来就出现了。"可以说,空想社会主义者是对启蒙主义者及其建立的"理想的理性王国"的揭露和批判。

（三）空想社会主义的产生

空想社会主义产生的时代，资产阶级和无产阶级之间的对立还没有得到充分发展。"一方面，只有大工业才能发展那些使生产方式的变革、使生产方式的资本主义性质的消除成为绝对必要的冲突——不仅是大工业所产生的各个阶级之间的冲突，而且是它所产生的生产力和交换形式本身之间的冲突；另一方面，大工业又正是通过这些巨大的生产力来发展解决这些冲突的手段。"这是空想社会主义产生的社会背景和不成熟的阶级原因、经济原因。

总之，空想社会主义之所以被称之为"空想的"，是因为它是不成熟的社会主义理论。原因主要在于空想社会主义理论形成是同当时不成熟的资本主义生产状况、不成熟的阶级状况相适应的。恩格斯指出，空想社会主义者认为："解决社会问题的办法还隐藏在不发达的经济关系中，所以只有从头脑中产生出来。"消除社会所表现出来的弊病是思维着的理性的任务。这就需要发明更完善的社会制度，通过宣传，通过典型示范等方式，从外面强加于社会。恩格斯指出："这种新的社会制度是一开始就注定要成为空想的，它越是制定得详尽周密，就越是要陷入纯粹的幻想。"尽管空想社会主义是不成熟的社会主义理论，但是恩格斯也高度赞扬了空想社会主义不可磨灭的贡献，那就是空想社会主义有着"处处突破幻想的外壳而显露出来的天才的思想萌芽和天才的思想"。

（四）主要的空想社会主义理论与实践

恩格斯分别重点介绍圣西门、傅立叶和欧文的主要的空想社会主义理论与实践。恩格斯指出，圣西门认为这个时代应该恢复信仰，关注底层。恢复从宗教改革时起被破坏了的各种宗教观点的统一。由一种新的宗教纽带结合起来的科学和工业应该成为时代的统治。厂主、商人、银行家，这些资产者固然应当成为一种公众的官吏、社会的受托人，但是对工人应当保持发号施令的和享有经济特权的地位。特别是银行家应当担负起通过调节信用来调节整个社会生产的使命。圣西门特别强调的是他随时随地都首先关心"人数最多和最贫穷的阶级"。

圣西门认识到法国革命的实质是阶级斗争。这种阶级斗争不仅是贵族和资产阶级之间的，而且是贵族、资产阶级和无财产者之间的阶级斗争。圣西门也认识到社会经济与政治之间的关系：经济是政治的基础，对人的政治统治应当变成对物的管理和对生产过程的领导。这些"天才"思想对马克思科学社会主义理论的发展、阶级斗争学说及相关政治基本理论的形成具有重要意义。

恩格斯评价傅立叶是一个辛辣的批评家和最伟大的讽刺家。他无情地揭露资产阶级世界在物质上和道德上的贫困。描绘了随着革命的低落而盛行起来的投机欺诈和当时法国商业中普遍的小商贩习气。他更巧妙地批判了两性关系的资产阶级形式和妇女在资产阶级社会中的地位。他第一个表述了这样的思想：在任何社会中，妇女解放的程度是衡量普遍解放的天然尺度。

恩格斯认为，傅立叶最了不起的地方表现在他对社会历史的看法上。他把社会历史到目前为止的全部历程分为四个发展阶段——蒙昧、野蛮、宗法和文明。最后一个阶段就相当于现在所谓的资产阶级社会。傅立叶深刻地批判了这个所谓的文明制度。傅立叶熟练地掌握了辩证法，把人类将来会走向灭亡的思想引入历史研究。他反对关于人类无限完善化的能力的空谈，而同样辩证地断言，每个历史阶段都有它的上升时期，但是也有它的下降时期，而且他还把这种考察方法运用于整个人类的未来。

在英国，空想社会主义者欧文生活的时代是现代大工业使资产阶级社会整个基础发生了革命的时代。新的生产方式还处在上升时期的最初阶段，但是它已经产生了明显的社会弊病。"无家可归的人挤在大城市的贫民窟里；一切传统的血缘关系、宗法从属关系、家庭关系都解体了；劳动时间，特别是女工和童工的劳动时间延长到可怕的程度；突然被抛到全新的环境中的劳动阶级，从乡村转到城市、从农业转到工业、从稳定的生活条件转到天天都在变化的毫无保障的生活条件的劳动阶级，大批地堕落了。"

恩格斯指出，欧文则认为，工业革命是运用他心爱的理论并把混乱化为秩序的好机会。他管理苏格兰的新拉纳克大棉纺厂，获得了使他名闻全欧的成效。新拉纳克的人数逐渐增加到2500人，这些人的成分原来是极其复杂的，而且多半是极其堕落的分子，可是欧文把这个地方变成了一个完善的模范移民区，在这里，酗酒、警察、刑事法官、诉讼、贫困救济和慈善事业都绝迹了。他让成长中的一代受到精心的教育，他发明了并且第一次在这里创办了幼儿园。欧文的竞争者迫使工人每天劳动13至14小时，而在新拉纳克工人只劳动10小时半，但是生产积极性和效率很高。当棉纺织业危机使工厂不得不停工四个月的时候，歇工的工人还继续领取全部工资。虽然如此，这个企业的价值还是增加了一倍多，而且直到最后一直给企业主们带来丰厚的利润。这一切成功只是由于他使人生活在比较合乎人的尊严的环境中，他觉得，他给他的工人创造的生活条件，还远不是合乎人的尊严的，还远不足以使人的性格和智慧得到全面的合理的发展。他认为，劳动阶级创造的巨大的社会财富也应当属于劳动阶级。

"在欧文看来，到目前为止仅仅使个别人发财而使群众受奴役的新的强大的生产力，提供了改造社会的基础，它作为大家的共同财产只应当为大家的共同福利服务。"

转向共产主义是欧文一生中的转折点。当他还只是一个慈善家的时候，他是欧洲最有名望的人物。可是，当他提出他的共产主义理论时，他受到官方社会的排斥，他的社会地位丧失。在他看来，阻碍社会改革的首先有三大障碍——私有制、宗教和当时的婚姻形式。他不顾一切地向这些障碍进攻。"他被逐出了官方社会，报刊对他实行沉默抵制，他由于以全部财产在美洲进行的共产主义试验失败而变得一贫如洗，于是他就直接转向工人阶级，在工人阶级中又进行了30年的活动。当时英国的有利于工人的一切社会运动、一切实际进步，都是和欧文的名字联在一起的。"经过他五年的努力，通过了限制工厂中妇女和儿童劳动的第一个法律。他主持了英国工会的第一次代表大会，全国各工会联合成一个工会大联盟。他组织了合作社（消费合作社和生产合作社）和劳动市场，这被认为是"社会改造的第一步"。

（五）恩格斯对三大空想社会主义的评述

恩格斯认为，空想社会主义影响时间较长，但却是缺少现实基础的、折中的、不伦不类的社会主义。空想主义者的见解曾经长期支配着19世纪的社会主义观点，社会主义是绝对真理、理性和正义的表现，绝对真理是不依赖于时间、空间和人类的历史发展的。然而，对于绝对真理、理性和正义的理解在每个学派的创始人那里又是各不相同的，解决各种绝对真理的冲突的办法就只能是它们互相磨损。这样就只能得出一种折中的、不伦不类的社会主义。它是由各学派创始人的比较温和的批判性言论、经济学原理和关于未来社会的观念组成的色调极为复杂的混合物。恩格斯指出，为了使社会主义变为科学，就必须首先把它置于现实的基础之上。

第二节 重点、难点分析

一、重点问题分析

（一）不成熟的理论，是同不成熟的资本主义生产状况、不成熟的阶级状况相适应的

恩格斯认为，空想社会主义理论是不成熟的理论。这种不成熟的理论，是同不成熟的资本主义生产状况、不成熟的阶级状况相适应的。

空想社会主义是在不成熟的资本主义生产状况下产生的。空想社会主义产生在资本主义早期，资本主义生产还不发达的时代。18世纪末19世纪初期的资本主义社会是手工工场生产方式形成的时期，生产力水平还比较低，社会化大生产还没有形成。"在英国刚刚兴起的大工业，在法国还不为人所知。""新的社会制度所产生的冲突还只是开始形成，那么，解决这些冲突的手段就更是这样了。"如有些空想社会主义者的理论具有明显的禁欲主义倾向，这与当时的生产力发展状况是分不开的。在当时的社会生产条件下，社会产品匮乏，社会资源相当有限，要想建立一个平等的社会，禁欲主义是必然的解决办法之一。

空想社会主义理论与不成熟的阶级状况是紧密联系的。空想社会主义产生的时代，社会化大生产还未形成，工人阶级的数量还很有限，工人阶级与资产阶级的矛盾还没有凸显出来，工人阶级的力量也没有被发现，他们的历史使命也没有被认识到。恩格斯指出，一方面，只有大工业才能发展那些使生产方式的变革、使生产方式的资本主义性质的消除成为绝对必然的冲突——不仅是大工业所产生的各个阶级之间的冲突，而且是它所产生的生产力和交换形式本身之间的冲突；另一方面，大工业又正是通过这些巨大的生产力来发展解决这些冲突的手段。在空想社会主义产生的时候，"资本主义生产方式以及随之而来的资产阶级和无产阶级之间的对立还没有得到充分发展。在当时刚刚作为新阶级的胚胎从这些无财产的群众中分离出来的无产阶级，还完全无力采取独立的政治行动，它表现为一个无力帮助自己，最多只能从外面、从上面取得帮助的受压迫的受苦的等级"。

这些不成熟的资本主义生产状况、不成熟的阶级状况决定了空想社会主义创始人的观点。解决社会问题的办法还隐藏在不发达的经济关系中，所以只有从头脑中产生出来。社会所表现出来的只是弊病，消除这些弊病是思维着的理性的任务。对于空想社会主义者来说，解决社会问题和弊病无法求助于同时代的历史，只能求助于理性。于是，就需要发明一套新的更完善的社会制度，并且通过宣传，通过典型示范，从外面强加于社会。这种新的社会制度是一开始就注定要成为空想的。

（二）欧文论阻碍社会改革的三大障碍的观点

欧文是19世纪杰出的思想家和社会实践者，是英国著名的空想社会主义者。他认为，阻碍社会改革的三大障碍是私有制、宗教和资产阶级婚姻形式。其中最主要的障碍是私有制，宗教是维护私有财产的宗教，婚姻是图谋财产的婚姻。

欧文深刻批判了资本主义私有制。他认为，私有财产和私有制是过去和现在人们所犯的罪行和所遭受的灾祸的根源。现实的资本主义制度是建立在极端的物质和愚蠢的谬见基础上的社会，它助长着各种欺骗和伪善的存在。私有制产生利己主义，使人们养成恶劣的性格，私有制使人们拜倒在金钱统治之下，财富掠夺使人们失去理智，增加了富人对劳动者的残酷掠夺。私有制是贫困的唯一根源，私有制使穷人失业、贫困、饥饿和无知，私有制也是各国阶级之间纷争的根源。私有制使人变成魔鬼，使世界变成地狱，它在理论上不合乎正义，在实践上又不合乎理性。这就触及资本主义社会的根本缺陷，把斗争锋芒直接指向资本主义的基础，达到了空想社会主义对资本主义社会批判的最高程度。

欧文深刻揭露并批判了宗教的伪善。他宣扬无神论，反对各种宗教和迷信，他宣布自己不信任何宗教，他认为一切宗教都是僧侣的欺骗和胡说。他指出，宗教是社会改革的阻力。宗教制造恶习，愚昧和毒害人民，僧侣阶级是最有害于人类和破坏人类幸福的一种势力。所以他呼吁必须消灭僧侣阶级，销毁制造愚昧、偏见的神学著作，使人们树立理性思想，重新获得思想自由。

欧文批判了资本主义婚姻制度。他认为，应该革除婚姻家庭制度，废除私有财产。婚姻制度让女人成为男人的财产，阻止人们追求真爱。人的情感、性格与欲望需要重新归正，妇女解放需要整个社会制度的变革。他认为，要打破男女分工，主张情爱自由、离婚自由、情欲自由、废除婚姻。男女两人真实的爱是至高的道德，也是人类通往世界乐园的钥匙。欧文主张妇女应该从事生产工作，男性也须担负家务劳动，幼儿则由社会集体照顾。他认为资本主义的婚姻制度是私有财产和宗教信仰为基础的制度，它给妇女和儿童带来极大灾难，它应该同私有制、宗教、资本主义社会制度一道被消灭。

二、难点问题分析

（一）现代社会主义

现代社会主义，即科学社会主义。"社会主义"一词最早出现在正统派欧文主义的定期刊物中，欧文后来把社会主义解释为在强大的生产力基础上，共同财产为共同福利服务的社会。马克思、恩格斯接受了这个解释并对其进行改造。科学社会主义有许多不同的提法，如"革命的社会主义"概念，是针对布朗基的"共产主义"提出的，它主要强调的是"无产阶级的阶级专政"。"科学社会主义"概念的提出，是为了与"空想社会主义"相区别，这一概念强调社会主义的科学基础，并把社会主义纳入唯物主义的社会历史规律之中。"科学社会主义"作为一种理论体系，它是无产阶级解放的理论。作为一种运动，它是指推翻资本主义社会，建立社会主义社会的现实运动。作为一种制度，它是指人类社会发展到高级阶段的社会主义制度，在这样的制度中，人才得以彻底解放，成为自由的人。作为理想和目标，它是指人类追求的自由和解放的理想。作为一种信仰，它是指对实现共产主义崇高理想的坚定信念和精神追求。

"现代社会主义"这一概念，是为了与"现代资本主义"相区别。"现代社会主义"在内容上强调"现代社会主义"对资本主义基本矛盾在现代资本主义社会中的表现的认识。这主要表现为有产者和无产者之间、资本家和雇佣工人之间的阶级对立以及生产中普遍存在的无政府状态等。从理论形式来说，它强调"现代社会主义"是资本主义基本矛盾在工人阶级头脑中的观念的反映。它起初表现为18世纪法国伟大的启蒙学者们所提出的各种原则的发展。科学社会主义理论有着自己的思想理论基础，而这些思想理论都是社会存在即社会物质经济事实的反映。

现代社会主义克服了空想社会主义的局限，在空想社会主义基础上发展成为科学。首先，科学社会主义理论是对空想社会主义的扬弃。科学社会主义的理论渊源是空想社会主义，但是社会主义理论与实践的发展是与时俱进的，是伴随着社会生产的发展，从低级到高级的发展过程，经历了一个从萌芽、生长到不断成熟的过程，在对空想社会主义的批判继承中社会主义的科学性不断增加，科学社会主义伴随社会历史的发展继续发展完善。其次，社会主义实践没有统一模式，要把马克思主义的普遍真理同中国社会的具体实际和实践相结合，一切从实际出发，建设有中国特色的社会主义。最后，社会主义理论与实践的结合应克服形而上学思维方式，坚持相对真理与绝对真理的辩证统一。在《社会主义从空想到科学的发展》中，论述了形而上学思维方式的缺陷，概述了辩证法的发展，重新恢复了唯物辩证法的权威。他在批评空想社会主义者时说："对所有这些人，社会主义是绝对真理、理性和正义的表现，只要把它发现出来，它就能用自己的力量征服世界。"社会主义这些原理的实际运用，正如《共产党宣言》中所说的，随时随地都要以当时的历史条件为转移，可以看出，社会主义是绝对真理与相对真理的统一。

（二）理性的王国

理性的王国，是指资产阶级共和国。"理性王国"、"理性原则"曾经是法国18世纪启蒙学者反封建的口号、旗帜与武器。他们把理性当作一切现存事物的唯一裁判者。他们认为，理性是思维和认识的最高形式。应当在理性原则的指导下，建立理性的国家、理性的社会，应当无情地铲除一切与永恒理性相矛盾的东西。自由、平等、博爱、人权、正义等原则都是合乎理性的，是永恒的、普遍的原则，要用这些理性原则建立一个"理性的王国"。

恩格斯揭露并批判了启蒙学者所谓的"理性王国"的阶级本质。他认为，这个理性的王国，不过是资产阶级理想化的王国。永恒的正义只在资产阶级的司法中得到实现，平等仅仅归结为法律面前的资产阶级的平等，最主要的人权是资产阶级的所有权，而理性的国家、卢梭的社会契约在实践中也只能表现为资产阶级的民主共和国。18世纪伟大的思想家们，没有能够超出他们自己的时代限制。在阶级社会中，没有永恒的、超阶级的自由、平等、博爱、正义和人权。启蒙学者所谓的理性原则都只是资产阶级意志的体现。

（三）这种新的社会制度是一开始就注定要成为空想的，它越是制定得详尽周密，就越是要陷入纯粹的幻想

这种新的社会制度，指的是空想社会主义所设想的理想社会。空想社会主义者对未来理想社会设计得十分详细，但是这是不可能实现的。这是空想社会主义与科学社会主义的区别之一，这也是空想社会主义之所以被称之为"空想"的原因之一。在1800年前后，新的社会制度所产生的冲突还只是开始形成，无产阶级和资产阶级的矛盾还没有激化，社会矛盾没有完全凸显，解决这些矛盾冲突的手段也比较缺乏，解决社会问题的办法在经济关系中还没有显现出来，只有靠思维着的理性来批判资本主义社会的罪恶，并在思维中通过理性的能力试图解决社会弊病。

在批判资本主义的基础上，空想社会主义者描绘了未来美好社会的蓝图，但是，他们的学说不是从现实出发，而是从原则出发。他们没有科学的理论作基础，找不到推翻资产阶级统治的社会力量和现实途径。他们没有找到暴力革命的道路，没有看到工人阶级的阶级使命和伟大力量，甚至把希望寄托在社会底层的流氓无产者身上，并寄希望于某个首脑人物或社会富有者发善心来实现社会主义。空想社会主义者所设想的未来社会的这种新制度是脱离社会现实的，缺少对现实问题的深刻分析和理论论证，所以，这种制度一开始就注定要成为空想的，它越是制定得详尽周密，就越是要陷入纯粹的幻想。

唯物史观认为，社会意识是社会存在的反映，但是社会意识具有相对独立性。社会意识与社会存在的发展之间具有不平衡性，这就是说，社会意识有可能会在一定程度上超前于社会存在。因为人的认识的本质是在实践基础上主体对客体的能动的反映。人不仅可以通过现在认识过去，也可以通过现在预测未来，这是认识的能动性的表现，是认识规律的现实反映。但是，这种独立性是相对的、有条件的。旧的社会意识不可能永存，终究要被新思想所取代。先进的社会意识不是凭空出现的，它是以社会存在为客观依据的，只有当社会存在发展到一定阶段时，才能产生。社会意识对社会存在的超前，也只能是一定程度的超前，而不能无所限制，并且它对未来只能指出基本趋势，不可能洞察所有细节。

科学社会主义理论对于未来社会的设想是建立在唯物史观和剩余价值理论基础之上，经过逻辑推演和逻辑论证后得出的结论，是在当时社会存在的基础上对未来社会的预见。但是它只是对未来社会发展方向和发展趋势的预想，是对未来社会粗线条的设想。我们不可能要求马克思为一个世纪后的社会主义社会找到解决现实问题的答案，这是不切实际的，也是不可能的。我们只能依照马克思主义的基本精神和理论本质分析现实社会问题，进而寻找解决现实问题的答案。

第三节 相关链接

一、空想社会主义的产生及发展

空想社会主义产生于16世纪初,它反映了早期无产阶级要求改造现存社会、建立理想新社会的迫切愿望。空想社会主义分为主流派和非主流派。主流派的代表人物有莫尔、康帕内拉、欧文、圣西门和傅立叶等人,他们主张通过改良来变革社会,反对暴力。非主流派代表人物有托马斯·闵采尔、巴贝夫、布朗吉等,他们本身就是革命运动的领袖,除与主流派一样深刻批判资本主义罪恶之外,也提出对未来社会的美好设想,还主张通过暴力推翻旧制度,建立美好社会。

空想社会主义思潮经历了三个历史发展阶段,即16—17世纪的早期空想社会主义、18世纪的空想平均共产主义、19世纪初批判的空想社会主义。

早期空想社会主义产生于16世纪初,标志是1516年托马斯·莫尔《乌托邦》一书的发表。1515—1516年莫尔出使欧洲时用拉丁文写成《乌托邦》，即《关于最完美的国家制度和乌托邦新岛的既有益又有趣的金书》。乌，"没有"之意；托邦，"地方"之意，乌托邦就是"没有的地方"。书中描绘了一个虚构的航海家到一个奇乡异国乌托邦的旅行见闻。在那里，财产是公有的，人民是平等的，实行按需分配的原则，大家穿统一的工作服，在公共餐厅就餐，官吏由秘密投票产生。他认为，私有制是万恶之源，必须消灭它，第一次向人们提出公有制的问题。但在当时的政治经济条件下，这些只能是空想，只能是对美好社会的憧憬。

18世纪的空想平均共产主义，主要代表有摩莱里（著有《自然法典》）、马布利（著有《论法制和法律的原则》）。总体来说，18世纪的空想社会主义比16、17世纪的空想社会主义有所进步。他们论述了社会主义原则，斗争矛头指向统治阶级，主张用法律的形式废除私有制，实行公有制，消灭贫富悬殊，实现人类平等。他们的设想不再是纯粹的空想，但是这一时期的理论与16、17世纪的空想社会主义理论一样有着致命的缺陷——主张禁欲主义、平均主义。这也是由当时的生产力发展水平决定的，生产力发展水平低，要平等，但物质财富有限，为了解决理想与现实的矛盾，只能实行禁欲主义、平均主义。

空想社会主义发展的最高阶段是19世纪初批判的空想社会主义。代表人物有欧文、圣西门和傅立叶，以他们为代表的三大空想社会主义是科学社会主义的直接理论来源。

（一）欧文

出身于手工业者家庭，十岁开始学徒，做过店员、工厂经理。欧文以积极从事社会改革的实践活动著称。1824年，他在美国购置三万英亩土地，带着他的门徒和四个儿子，创办共产主义新村。失败后回到英国，组建工会和生产合作社，献身社会改革活动。欧文对资本主义的批判已经触及到它的经济基础。他认为私有制、宗教和旧的婚姻制度是社会进步的三大障碍，而私有制则是总根源。他指出，私有制使人变成魔鬼，使世界变成地狱，因此，一切私有制都应该被推翻。他提出未来理想社会应该是没有阶级差别，共同占有，共同劳动，权利和义务平等，工业劳动和农业劳动相结合，城市和乡村相结合，有计划地组织各项经济生产和经济活动。他同情无产阶级，但是看不到它的历史使命，反对阶级斗争和暴力革命，希望穷人和富人和平合作，依靠资产阶级政府建立新社会。

（二）圣西门

出生于法国封建贵族家庭，受启蒙学者影响，曾参加过美国独立战争和法国资产阶级革命。圣西门抨击资本主义社会是充满灾难的"是非颠倒的世界"。他的理想是改造不合理的社会，建立"实业制度"。实现以大工业为基础，有计划地组织生产，取消特权，"各尽所能，各取所值"。他主张由知识分子和实业家领导社会改造运动。他不主张消灭私有制和阶级差别，反对暴力革命，幻想通过宣传、教育、科学、道德、宗教的进步等和平手段实现他的社会理想。

（三）傅立叶

出生于法国大布商家庭。傅立叶幻想建立一种以"法朗吉"为基层组织的社会主义社会。以农业为主，工业为辅，城乡结合，人们按兴趣参加劳动，劳动所得按照"各尽所能，各以劳动、资本和才智取其所值"的原则进行分配。首次提出妇女解放是社会解放的尺度。他对资本主义制度进行了深刻的批判，他认为，资本主义是一种"每个人对全体和全体对每个人的战争"的制度，资产阶级文明就是"复活的奴隶制"、"社会的地狱"。所谓自由、平等、博爱，全是骗人的谎言。他从资本主义生产的无政府状态中推论出资本主义经济危机的不可避免性。

　　从中可以看到，空想社会主义理论的形成，与当时社会实践的发展状况是分不开的，特别是与生产力发展状况、阶级状况、社会矛盾和社会弊病等息息相关。它是为了解决时代和实际问题，追求美好的理想社会而形成的理论。说它是"空想"的理论，并不是因为空想社会主义者都是在做白日梦，不切实际，不能实现，也不是因为他们对资本主义的批判不够深刻，更不是因为他们对未来理想社会的描绘不够美好细致。相反，是因为在那些美好而又细致的描绘中，没有科学的理论作为基础，没有科学的逻辑论证，最关键的是他们没有找到实现理想社会的切实可行的途径、力量和方式。

　　在对待未来理想社会问题上，空想社会主义与科学社会主义有着重大的区别。首先，从理论基础和研究方式来看，空想社会主义都是建立在唯心史观的基础上，热衷于对未来社会细致的想象和描绘。由于受到生产力状况及其他社会发展状况的限制，他们只能借助自己天才的想象来描绘未来社会，在理论基础和逻辑论证方面也有很大的欠缺，是不成熟的理论。马克思主义在考察未来社会时，把关注的焦点放在对历史和现实的批判性研究上，通过批判旧世界来发现新世界，运用辩证唯物主义和历史唯物主义世界观和方法论，深刻剖析资本主义社会的罪恶，从而找到通向未来理想社会的科学社会主义理论。在对未来社会的描述上也只限于基本特征和基本性质的描述，而不做任何细节上的描绘。因为在马克思主义经典作家看来，对未来的描绘越具体，就越会陷入空想。

其次，从认识角度和内容来看，空想社会主义更多是从道义上或者从宗教道理上去理解问题、剖析揭露现实社会。马克思主义是从社会发展趋势和历史规律上作出了科学的理论证明，马克思创立了唯物史观和剩余价值学说，马克思、恩格斯发现了人类社会发展的一般规律和资本主义发展的特殊规律，发现了无产阶级的历史使命。

最后，从实现途径和力量来看，空想社会主义者没有找到通向未来理想社会的实现途径与社会力量。他们把实现理想社会的希望寄托在唤醒人们的良知、富裕者的捐助或者是政府的支持和改变等方面。他们也没有找到改变世界的社会力量，把希望寄托在少数人身上，甚至是寄托在少数流氓无产者身上。把工人阶级当作需要天才人物去拯救的受苦受难的阶级，没有看到工人阶级的伟大力量，也不清楚他们的历史使命。这也与当时的资本主义生产关系发展不成熟，工人阶级力量不强大有关。他们大多希望通过和平的方式走向未来理想社会。马克思主义经典作家在工人运动的实践中，深刻地认识到无产阶级的性质、特点和历史使命，从而找到了推翻旧世界实现理想社会的现实力量，并指出了暴力革命的基本途径。

为了追求美好的社会理想，空想社会主义者付出了巨大的努力，甚至是生命的代价。莫尔，26岁任议员，29岁任议长，后来升任大法官，最辉煌的时候一人之下万人之上，其一生为社会主义理想而奋斗，但是由于坚持自己的主张和理想，在宗教问题上与国王发生分歧，不肯屈服，最后带着"叛国罪"的罪名被送上断头台，妻儿也遭到株连。康帕内拉，意大利文艺复兴时期的空想社会主义者、哲学家、作家。为了追求社会主义理想，一生中经历了33年的监狱生活。1622年在狱中写成《太阳城》，用对话体裁描绘出没有剥削、没有私有财产、人人劳动、按需分配、崇尚"哲人政治"的理想社会。托马斯·闵采尔，16世纪农民战争领袖。布朗吉，一生献身法国工人运动，37年在狱中。欧文提出他的共产主义理论时，也受到官方社会的普遍排斥，他的整个社会地位丧失。

尽管空想社会主义理论是不成熟的社会主义理论，但是空想社会主义者为了追求理想社会付出了巨大的努力和牺牲，从这一点上看，他们与那些前仆后继的马克思主义者是同样值得尊敬和缅怀的。他们是探索社会主义道路的先驱，更为重要的是他们所创造的空想社会主义理论为后来的科学社会主义理论的诞生打下了基础，"提供了启发工人觉悟的极为宝贵的材料"。空想社会主义者在研究分析人类社会历史发展过程中，在猜测和论证未来社会的基本原则的过程中，提出了许多进步的、合理的思想或思想萌芽，为马克思、恩格斯创立科学社会主义理论提供了重要的和直接的思想材料。

二、康帕内拉与《太阳城》

康帕内拉是16世纪末至17世纪初意大利杰出的思想家，空想共产主义的先驱。他的代表作《太阳城》产生过巨大影响，在世界思想文化史上具有重要的地位。

杰出的空想共产主义的思想家康帕内拉，1568年9月出生于当时被西班牙统治下的意大利南部卡拉布里亚区斯提罗城附近的斯坚亚诺村的一个贫苦家庭。少年聪慧，13岁能做诗，15岁入修道院，这是穷孩子继续求学的唯一出路。在他不满17岁的时候，科森察的圣芳济派僧侣挑起的一场教义辩论，使初出茅庐的康帕内拉声名远播。他拥有非凡的记忆力、渊博的知识。康帕内拉雄辩的言论中发出了异教学说的气息，他战斗的一生也由此拉开了序幕。

康帕内拉很早就目睹了社会上的不平等：穷人饥寒交迫，可富人却拥有使自己幸福的全部财产；一个封建领主或主教为他们豢养的猎狗耗费大量的金钱，可在他们的宫廷附近却徘徊着一群衣衫褴褛、腹中饥饿的孩子。神父们在布道时总说"爱别人要超过爱自己"，可富人们却只是为自己打算。当时的官员榨取着民脂民膏，而教会却和外族统治者同流合污。周围的现实激起了康帕内拉的愤怒。他对修道院给他的知识产生了怀疑，他专心阅读了柏拉图的《理想国》。柏拉图说，物质财富的公有制，应当成为一个理想国的基础；私有制是一切争端和动乱的根源，它不符合人类的本性，不能促进国家的富强和繁荣。

他早就看出了神学与真正科学之间不可调和的矛盾。随着康帕内拉对自然科学和哲学研究的深入，离宗教教义就愈远。特列佐的著作《依照物体自身的原则论物体的本性》一书，使他大受启发。特列佐证明，认识自身的基础不应该是亚里士多德学说注释者的解释，而应该是外界对感官影响的结果所获得的经验。他证实说，只有根据经验才能了解自然的内部规律："经验是真理的标准！"1589年，他写出了与神学认识论相反的哲学著作《感官哲学》。

在康帕内拉的一生中，有33年时间是在监狱中度过的。他最后一次被捕是在1599年9月6日，被释放已到了1628年7月，前后达29年之久（中间有一个月的短暂释放）。这次是因为密谋起义——推翻西班牙的殖民统治而被捕的。起义的人们讨论了这样的问题：赶走了西班牙人，但以后又怎么办呢？难道接替西班牙统治的是意大利的公爵吗？康帕内拉断然否定了这样的代替，他说："不许代替，而要一劳永逸地消灭这些统治者！应当成立共和国，建立完全新的制度。卡拉布里亚应该成为理想国，成为过着公社生活的平等的自由人的共和国。"这就是后来他在《太阳城》中规划的那样一种制度：消灭私有制，实行公有制。他们为此做了13年的准备，而且已经有了广泛的群众基础。但是由于叛徒的出卖，准备已久的起义失败，大批人被捕并被处死，康帕内拉被抓进监狱，受尽了难以想象的非人折磨。

《太阳城》是在狱中写成的。在那个没有希望，没有正义，只有冷漠与严酷的条件下，康帕内拉向死而生，他用各种办法搞到纸、墨水和鹅羽笔，而且想办法同监狱内外保持着信息沟通，并能传递物品。他在狱中写的东西，一般都能安全转移而不被查获。他的写作是艰难的，每天都要中断几十次。太阳城的理想激励着他。经过长期的思索，他终于找到了答案——私有财产是一切罪恶的根源！要想使人类真正解放，就要废除私有制，建立起一个没有私有财产、没有不平等制度、没有人压迫人现象的新社会。

在《太阳城》这部作品中，康帕内拉假借一个游历者的见闻，用对话录的体裁，描绘了一个消灭了私有制和剥削的大同世界。同时，他也对意大利的现实社会制度进行了有力的批判。在游历者和他遇到的两位"太阳城"青年的问答对话中，谈到了两个城市，一个是那不勒斯城，一个是太阳城。在意大利的那不勒斯城，有七万居民，其中只有一万多人从事劳动。这些人由于过度的、不间断的劳动而精疲力竭，以致缩短了寿命。而那些大量游手好闲之徒，他们什么也不做，但却贪得无厌，过着奢侈淫逸的豪华生活，还要用高利贷去盘剥穷人。他们满身都是疾病，害了别人也害了自己。谈到理想的"太阳城"时，两位青年说："阳光不仅照亮了大地，而且也照亮了我们每一个人的心。"在太阳城，每人每天劳动四个小时，其余时间，都用来研究有趣的学术问题，开座谈会，阅读书籍，讲故事，写信，散步，做有益于身心的体育运动。太阳城规定了十分明确的共产主义原则，实行公有制，完全没有私有财产，大家从事的是义务劳动，由社会统一组织生产并组织产品的分配。他坚信这是迟早必将在世界各地获得胜利的唯一合理的社会制度。理想使康帕内拉热血沸腾。当他把《太阳城》的最后一页手稿完成的时候，康帕内拉感觉自己拥有无限的幸福。虽然身陷囹圄，但他在内心感到了自己的胜利。康帕内拉于1628年7月被释放出狱，后再一次密谋起义未果。1634年10月逃往法国。1639年5月21日逝世于法国，终年71岁。

三、摩莱里与《自然法典》

摩莱里是18世纪法国杰出的思想家，作为空想社会主义者，摩莱里是一位承前启后的人物，是18世纪法国学术史上最神秘的人物之一，一生写了许多著作，但都用不同的笔名发表，"摩莱里"是他的笔名，真名不详。他的著作的内容涉及哲学、美学、历史、政治、教育、法律等领域。摩莱里代表城乡无产者的利益和意愿，对当时的社会现状及其社会的未来发展作出了自己的回答，阐述了他的空想社会主义思想，其中渗透着他对社会学、需求理论、人权、经济法、理想社会等问题的思考与看法。他最有影响的著作是《自然法典》，全名为《自然法典或自然规律的真实精神》，1755年出版。

摩莱里在《自然法典》中较为充分地描述了他的社会学思想。他认为上帝规定了自然界中的不变的运动原则，这个原则无疑也应当成为人的行为规定同样不变的原则。他主张符合自然和理性的社会状态，认为这是人类历史上一个完全现实的阶段，是人类历史的起点。自然人就是原始人，他的本能、他的自然需求应当引导他，而且也的确引导他趋向自然状态，趋向行善而不做恶。摩莱里认为，道德的真正基础是自爱。所谓自爱，就是以简单而无害的方法来维护自己生存的持久的愿望。他指出，这种自爱是天赋的，是由人的需求决定的。

摩莱里的需求理论指出，人天生就有需求，而人又天生具有满足需求的能力。不过，人的需求和满足需求的能力是不平衡的，能力总是稍落后于人的需求，他说："自然界英明地使我们的需求和我们力量的增长相符合；再者，在我们其余整个生活确定需求数额的时候，它使这些需求总是稍超过我们能力的限度。"他认为，这种需求和能力的矛盾对社会的发展有极其重要的作用。它促使人们自觉地结成各种社会联合体，去求得满足那些单靠个人的力量绝对不能满足的需求。

摩莱里认为，人的需求是相同的，应该得到同样的满足。从这一点出发，他得出了人的社会地位和权利也是平等的结论。因此，他主张人们应当共同劳动，共同使用土地资源，共同享受劳动产品，自然界正是"通过人们感觉和需要的共同性，使他们了解自己地位和权利的平等，了解共同劳动的必要性"。需求的平等和能力的不同，势必加强人类的社会精神和团结。需要的平等提示了权利平等的思想，能力的不同使人更加意识到力量联合起来的好处。摩莱里认为私有制是社会出现混乱和罪恶的根本原因，人类的黄金时代是原始氏族公社，主张平均的共产主义制度。应该说，摩莱里是"需求理论"的第一人。

摩莱里对需求的认识是初步的，他没有研究人的具体需求内容，只是看到了土地对需求的作用；在分析需求的矛盾时，没有从人的能力与历史条件的联系角度认识需求的矛盾及其作用；他得到了为了满足需求而建立绝对平均社会的荒谬结论。他的贡献在于他把需求作为构成社会的根源，并从需求的矛盾中认识社会发展。

摩莱里第一次提出了用经济法律规范来调整社会经济活动的思想，是经济法学的首倡者。摩莱里勾画了未来理想社会的轮廓。他所采取的方式是为未来社会拟定法律。在摩莱里所描绘的蓝图中，包含着他许多社会主义人权的思想。实行公有制为基础，并以法律条文形式提出具有社会主义色彩的法律方案，这在中外法律思想史上是没有先例的。这是他的一个伟大的历史功绩。这也是他的《自然法典》在法律思想上的一个重要贡献，对科学社会主义的形成起着重要的启蒙作用。

摩莱里从主张合乎自然、合乎人性的理性主义观点的自然法理论出发，反对财产私有制度和建立在私有制度之上的一切社会关系，认为私有制破坏人类和谐平等的"自然状态"，是产生一切社会罪恶的根源。他主张建立一个没有剥削、没有压迫、全体社会成员在财产和社会地位方面一律平等的社会。他在《自然法典》中提出了建立一个公有制社会的法律草案，他要消灭私有制，但他把平等和平均混为一谈，主张绝对平均主义。他还注意思想意识的改革，主张从儿童时代起就培育人的劳动观念和集体主义精神，特别要根除人的私有意念。摩莱里制订了理想的社会蓝图，还为把这幅蓝图变成为现实而规定了一些法规，做了创制社会工程的重要工作。但是，他的空想社会主义是一种建立在自然的指引和上帝的仁慈的设定之上的人道主义。摩莱里不理解生产力的发展同社会形式改变的关系，也不能认清政治体制与经济体制的关系。

《自然法典》绘制的蓝图在18世纪中叶的法国是不可能实现的。它超越了生产力发展水平和整个人类社会发展的历史阶段。既离开了当时社会赖以存在的客观经济基础，也脱离了对这一发展起着重要反作用的上层建筑的其他因素。《自然法典》的时代局限，使得摩莱里的社会理论是带有空想色彩的。但是，摩莱里及其《自然法典》继承、发挥了莫尔和康帕内拉的思想，启迪了卡贝和德萨米的思想，也为马克思和恩格斯创立科学社会主义理论提供了有价值的思想资料。

四、马布利与《论法制和法律的原则》

马布利是18世纪杰出的空想社会主义者，他在空想社会主义方面的主要代表作是《论法制和法律的原则》。马布利思想的理论基础是自然法学说，他对自然状态、自然人、自然权利、社会契约都有研究和论述。他高度重视法律的作用。他认为制定法律、实行法治是实行社会改造的主要杠杆。

马布利的主要思想认为私有制成为人类一切不幸的根源。他认为，建立在私有制基础上的社会是不符合理性和自然秩序的，所以应该把现存的私有制社会改造成"人人平等，人人是兄弟"的理想社会。人人一律平等，没有贫富，人人都是兄弟，普遍认为劳动是光荣的事业，承认任何东西不得据为己有为根本法律。需求越小，幸福越多。他拟定向未来共产主义的理想社会过渡的立法改革方案，主张通过立法改革使人类逐步恢复理性，限制人们的邪恶欲念，改革现行税制和土地制度，防止财产集中等。但是，马布利的社会改革思想带有明显的平均主义倾向，是小资产阶级空想社会主义的典型。他坚持反对人们对改善物质生活的欲望和要求，而主张"苦修苦练的、禁绝一切生活享受的、斯巴达式的共产主义",限制消费和生产,实行平均主义。

五、托马斯·闵采尔

托马斯·闵采尔是德意志平民宗教改革家,农民战争领袖。出身于德国哈尔茨山区施托尔堡一手工业者家庭。他受过良好教育,精通拉丁语和希腊语。早年曾就读于莱比锡大学和法兰克福大学,系统学习了神学、哲学。会讲拉丁文、希腊文和希伯来文等几门外语,后来以优异成绩获神学学士学位。大学毕业后,闵采尔最初做了几年中学教师,后来又曾任修道院院长、忏悔神父等。他悉心研究中世纪神秘主义者约阿西姆和陶勒尔等人的著作,对教会败坏和社会黑暗甚为不满,向往中世纪神秘主义者宣传的千禧年论。

在他很小的时候,父亲就被当地伯爵处死了,这使他对贵族统治阶级有着深仇大恨。15岁时曾在赫尔中学组织秘密团体,反对马格德堡大主教和天主教会。1517年10月,德国宗教改革的著名领导人马丁·路德在维登堡万圣教堂的大门上贴出了《关于赎罪券效能的辩论》,即著名的《九十五条论纲》,公开要求辩论赎罪券问题。据罗马教会声称,只要购买赎罪券,就能赦免炼狱里灵魂的一切罪行,甚至能分享大公教会里的全部幸福。但是，路德却针锋相对地指出，当金币落入钱柜叮当作响时，增加的只是贪婪爱财的欲望。路德的"论纲"一经贴出，立刻在全德引起强烈反响，农民、平民、市民、骑士，以至整个德意志民族都卷入到这一运动中来。当时正在不伦瑞克的马蒂尼中学任教的托马斯·闵采尔也深深地被路德的精辟见解所折服。不久，闵采尔便加入到路德宗教改革派的行列，并成为路德的一个得力助手。1521年他发表《布拉格宣言》，主张用暴力实现社会变革。

马丁·路德宣传宗教改革之初，闵采尔积极拥护。但是后来，他的宗教和政治理想更趋激进，与路德思想发生分歧。最后，闵采尔和路德在宗教改革和对待农民战争问题上彻底决裂，分道扬镳。1524—1525年初，闵采尔积极投入轰轰烈烈的德国农民战争，进行宣传组织活动。他直接领导了萨克森·图林根的农民起义。1525年5月16日，闵采尔率领农民军与前来围攻的诸侯部队在弗兰肯豪森进行决战，在这次战役中被俘，同年5月27日被杀害。

托马斯·闵采尔认为圣灵的根本就是理性，反对将信仰和理性对立，反对路德的因信称义，否认《圣经》是唯一无误的启示；并认为启示就是人的理性觉醒，就是内心之光，通过这种活的启示，人人都能进入天国；并且，天国不仅属于来世。因此他不接受《圣经》的教导，不接受正统基督教的信仰，是异教徒。他号召跟随他的人用实际行动包括武装斗争的形式进行社会改革，来实现上帝的公义。但是托马斯·闵采尔歪曲了上帝的公义，采用暴力的方式屠杀别人。他宣称，在上帝亲自治理的千禧年国度里，没有阶级差别，没有私有财产，没有欺诈与压迫。他鼓动推翻当时的政权和教会权贵。

  托马斯·闵采尔是德国伟大的革命家和思想家。他一生致力于宣传平均共产主义学说，他通过宗教改革的形式传播他的思想，以暴力形式推翻封建制度，试图建立起一个没有阶级差别、没有剥削压迫、没有私有财产的社会。托马斯·闵采尔的思想具有很强的革命性，在一定程度上，加速了宗教改革的步伐。但是闵采尔试图很快地建立起接近共产主义社会的理想超出了那个时代的要求，超出了当时的物质条件和大多数农民、平民的直接要求，缺乏实现的物质基础，起义必然失败。他领导的农民军后来虽然被公侯联军所击败，他本人也被送上了断头台，但是他的思想和活动在德国革命史和思想史上留下了光辉的一页。恩格斯对托马斯·闵采尔曾作过很高的评价，把他和他的同时代人、人文主义者托马斯·莫尔一起称为"近代社会主义的先驱者"。但是，闵采尔过于仇恨他人，他带领的暴动运动杀死了很多人，造成社会极大的动乱。这给社会发展和进步造成了障碍，也是一个深刻的历史教训。

第四节 理论意义与现实意义

19世纪空想社会主义是科学社会主义产生的直接理论来源。空想社会主义理论反映了劳动人民的疾苦，具有改变不平等社会状况的愿望和追求幸福生活的利益要求，并以幻想形式描绘了未来社会的美好蓝图。19世纪的空想社会主义是科学社会主义的直接思想理论来源。三大空想社会主义学说对于科学社会主义具有重要的启蒙作用，鼓舞人们为实现伟大理想而斗争，也为社会主义的创建积累了有价值的思想素材。

首先，空想社会主义者对资本主义的剥削现象的深刻揭露和对资本主义制度的尖锐批判，是三大空想学说中最有价值的部分。他们指明了私有制是社会存在贫富不均以及其他种种罪恶的"总根源"，认为资本主义生产无政府状态是一切灾难中最严重的灾难，断定资本主义的经济危机不可避免。总之，他们揭露了这个制度在当时所显示出来的几乎所有弊端，抨击了资本主义社会的全部社会基础。所有这些，为马克思科学社会主义理论的形成有很大启发。马克思和恩格斯因此而称之为"批判的空想的社会主义和共产主义"。

其次，空想思想家的社会历史观包含着唯物主义和辩证法的合理因素，对空想社会主义的形成具有启发意义。空想社会主义总体上是唯心主义的，"他们不了解社会发展规律，因而也不了解资本主义必然灭亡、社会主义必然胜利的客观规律；他们不了解阶级斗争是阶级社会发展的直接动力，因而找不到改造资本主义的正确途径；他们不了解无产阶级的历史地位和历史使命，因而找不到无产阶级这支能够埋葬资本主义、实现社会主义的社会力量（他们甚至幻想乞求统治阶级的恩赐来实现美好社会）"。但是，在他们夹杂着晦涩语言和玄虚思想的著作中，也提出了一些很有见地的观点，天才地预示了一些社会真理，这些都包含着唯物主义和辩证法的合理因素。

再次，空想社会主义者们对未来社会的设想和描绘，包含着许多积极的见解和天才的预测。从圣西门的"实业制度"、傅立叶的"和谐制度"和欧文的"新和谐移民区"等设想中，可以看到诸如生产资料公有制、有计划地组织生产、没有城乡之别和工农差别、劳动从谋生手段变为生活的第一需要、按劳分配、按需分配、废除国家等思想。这些思想不仅对工人阶级具有重要的启蒙作用,鼓舞他们为实现伟大理想而斗争,也为科学社会主义理论的创建积累了有价值的思想素材。

最后,空想社会主义对建设社会主义具有重要意义。空想社会主义有很深的政治、经济、文化渊源,并在人类历史上起过相当积极的作用,它在社会主义运动中的反复出现,既表明这一思潮具有一定的历史合理性,又说明批判空想社会主义的任务不可能一次完成。只有彻底划清同空想社会主义的界限,才能始终不渝地坚持科学社会主义方向。只有坚定社会主义信念,才能成功解决关系到社会主义前途和命运的一系列问题,推动社会主义事业的顺利发展。空想社会主义的理论和实践活动,对科学社会主义的诞生都具有积极的意义。

恩格斯高度评价三大空想思想家对创立科学社会主义思想体系的理论贡献。他说,永远不要忘记,科学社会主义"是依靠圣西门、傅立叶和欧文这三位思想家而确立起来的,虽然这三位思想家的学说含有十分虚幻和空想的性质,但他们终究属于一切时代最伟大的智者之列。他们天才地预示了我们现在已经科学地证明了其正确的无数真理"。时隔一百多年后,马克思和恩格斯在此基础上创立了伟大的科学社会主义理论。

第四章　社会主义从空想到科学

第一节　主要内容介绍

《社会主义从空想到科学的发展》正文第二章恩格斯着重论述科学社会主义的理论基础，概述辩证法的形成、发展过程和唯物辩证法产生的重大意义，阐述唯物史观和剩余价值学说的发现使社会主义由空想变成科学。文章包括两部分内容。第一部分阐述了辩证法的发展过程和唯物辩证法产生的伟大意义，第二部分阐述了唯物史观和剩余价值学说的创立，使社会主义由空想到科学。

一、辩证法的发展过程及意义

第一部分阐述了辩证法的发展过程和唯物辩证法产生的伟大意义。恩格斯指出，辩证法的发展过程为：古代朴素辩证法—形而上学思维方式产生发展—辩证法对形而上学的批判—黑格尔的唯心辩证法—唯物辩证法形成及对唯心辩证法的批判。

恩格斯指出，辩证法早在古希腊的时候就出现了，亚里士多德就已经研究了辩证思维的最主要的形式。而近代哲学虽然也有辩证法的卓越代表，如笛卡儿和斯宾诺莎，但是却日益陷入所谓形而上学的思维方式。18世纪，法国人也几乎全都为这种思维方式所支配。早期的古代朴素辩证法认为，世界是一幅由种种联系和相互作用无穷无尽地交织起来的画面，其中没有任何东西是不动的和不变的，而是一切都在运动、变化、生成和消逝。这种原始的、素朴的、但实质上正确的世界观是古希腊哲学的世界观，而且是由赫拉克利特最先明白地表述出来的。但是这种辩证法和思维方式并没有得到认同和推广，原因在于当时的社会正处于搜集资料阶段，人们不可能认清这一细节和事实。

只有当自然和历史材料搜集到一定程度以后，才能进行批判、整理和比较。恩格斯指出，伴随着自然科学学科的独立发展，形而上学思维方式出现。这是因为，真正的自然科学是从15世纪下半叶才开始。它把自然界分解为各个部分，把各种自然过程和自然对象分成一定的门类，对有机体的内部按其多种多样的解剖形态进行研究，这是最近400年来在认识自然界方面获得巨大进展的基本条件。但是，这种做法也给我们留下了一种习惯：把各种自然物和自然过程孤立起来，撇开宏大的总的联系去进行考察，因此，就不是从运动的状态，而是从静止的状态去考察；不是把它们看作本质上变化的东西，而是看作固定不变的东西；不是从活的状态，而是从死的状态去考察。这种考察方式被培根和洛克从自然科学中移植到哲学中以后，就造成了最近几个世纪所特有的局限性，即形而上学的思维方式。

形而上学的思维方式是片面地、静止地、孤立地看问题的思维方式。但是，这种思维方式却没法解释许多现实问题。每个有机体永远是它本身，同时又是别的东西。某种对立的两极既对立又互相渗透。"所有这些过程和思维方法都是形而上学思维的框子所容纳不下的。相反，对辩证法来说，上述过程正好证明它的方法是正确的，因为辩证法在考察事物及其在观念上的反映时，本质上是从它们的联系、它们的联结、它们的运动、它们的产生和消逝方面去考察的。自然界是检验辩证法的试金石，而且我们必须说，现代自然科学为这种检验提供了极其丰富的、与日俱增的材料,并从而证明了,自然界的一切归根到底是辩证地而不是形而上学地发生的;自然界不是循着一个永远一样的不断重复的圆圈运动,而是经历着实在的历史。"因此,恩格斯指出:"要精确地描绘宇宙、宇宙的发展和人类的发展以及这种发展在人们头脑中的反映,就只有用辩证的方法,只有不断地注意生成和消逝之间、前进的变化和后退的变化之间的普遍相互作用才能做到。"

　　黑格尔的辩证法是较为成熟的辩证法。恩格斯指出:"黑格尔第一次(这是他的伟大功绩)把整个自然的、历史的和精神的世界描写为一个过程,即把它描写为处在不断的运动、变化、转变和发展中,并企图揭示这种运动和发展的内在联系。"但是,黑格尔辩证法的致命弱点在于它是头足倒置的。黑格尔的辩证法的哲学基础是唯心主义哲学。这样,世界的现实联系完全被颠倒了,被歪曲了。黑格尔辩证法还包含着"一个无法解决的内在矛盾:一方面,它以历史的观点作为基本前提,即把人类的历史看作一个发展过程,这个过程按其本性来说在认识上是不能由于所谓绝对真理的发现而结束的;但是另一方面,它又硬说它自己就是这种绝对真理的化身"。

恩格斯指出，正是由于黑格尔辩证法的局限决定了唯心主义辩证法必然被唯物主义辩证法所取代。马克思、恩格斯创立的唯物辩证法是现代唯物主义发展的新阶段。现代唯物主义不是18世纪的形而上学唯物主义，现代唯物主义本质上是辩证的。现代科学证明了的现代唯物辩证的自然观，同时也把辩证法引入社会历史领域。它把历史看作人类的发展过程，并且努力去发现这个过程的运动规律，从而创立了崭新的唯物史观。由此可以看出，马克思、恩格斯创立的唯物辩证法是辩证法发展的最高阶段。

唯物辩证法的产生具有重大意义。马克思、恩格斯创立了唯物主义自然观，把辩证法建立在唯物主义基础之上，为彻底的唯物主义奠定了基础，也为辩证法找到坚实而科学的理论基石。同时，马克思、恩格斯把唯物主义和辩证法贯彻到社会历史领域，创立了历史唯物主义。由此建立起统一的说明自然过程和历史过程的唯物主义原则，实现了唯物主义自然观和历史观的统一，也建立起理解自然世界、思维领域和社会历史过程的合乎规律的唯物而辩证的思维方式，这是唯物主义与辩证法的巨大进步。

二、两大发现使社会主义由空想变科学

第二部分阐述了唯物史观和剩余价值学说的创立，使社会主义由空想到科学。恩格斯指出，事实日益令人信服地证明，资产阶级经济学家关于资本和劳动的利益一致、关于自由竞争必将带来普遍和谐和人民的普遍福利的学说完全是撒谎。唯心主义历史观没有看到，推动社会历史发展的生产和一切经济关系基础。唯物史观认为，历史除原始状态外，都是阶级斗争的历史；这些互相斗争的社会阶级在任何时候都是生产关系和交换关系的产物，一句话，都是自己时代的经济关系的产物；因而每一时代的社会经济结构形成现实基础，每一个历史时期的由法的设施和政治设施以及宗教的、哲学的和其他的观念形式所构成的全部上层建筑，归根到底都应由这个基础来说明。这说明，经济基础决定上层建筑。阶级关系的实质是经济问题和经济关系，人类社会的发展归根结底是由经济关系决定的阶级斗争推动的。唯物史观的提出将"唯心主义从它的最后的避难所即历史观中被驱逐出去了"。

社会主义社会的发展也是社会历史发展的必然的产物，

它被看作是"两个历史地产生的阶级即无产阶级和资产阶级之间斗争的必然产物"。这就要研究必然产生这两个阶级及其相互斗争的那种历史的经济的过程,并在由此造成的经济状况中找出解决冲突的手段。唯心史观和旧唯物主义都没有找到一条合适的认识和解决这个问题的道路,只有剩余价值理论解决了这一问题。恩格斯指出,这一理论,一方面说明资本主义生产方式的历史联系和它在一定历史时期存在的必然性,从而说明它灭亡的必然性;另一方面,揭露这种生产方式的一直还隐蔽着的内在性质。事实已经证明,"无偿劳动的占有是资本主义生产方式和通过这种生产方式对工人进行剥削的基本形式;即使资本家按照劳动力作为商品在商品市场上所具有的全部价值来购买他的工人的劳动力,他从这种劳动力榨取的价值仍然比他对这种劳动力的支付要多;这种剩余价值归根到底构成了有产阶级手中日益增加的资本量由以积累起来的价值量。这样就说明了资本主义生产和资本生产的过程。"正是马克思的这两大发现——唯物史观和剩余价值理论,为社会主义理论及实践的发展奠定了坚实的理论基础,从而使社会主义变成了科学。

第二节 重点、难点分析

一、重点问题分析

（一）形而上学思维方式的观点

形而上学思维方式是指静止地、孤立地、片面地认识问题和分析问题。恩格斯指出，把自然界分解为各个部分，把各种自然过程和自然对象分成一定的门类，对有机体的内部按其多种多样的解剖形态进行研究的做法，给我们留下了一种习惯：把各种自然物和自然过程孤立起来，撇开总的联系去进行考察。不是从运动的状态，而是从静止的状态去考察；不是把它们看作本质上变化的东西，而是看作固定不变的东西；不是从活的状态，而是从死的状态去考察。这种考察方式从自然科学中移植到哲学中以后，造成了形而上学的思维方式。在形而上学者看来，事物及其在思想上的反映是孤立的、应当分别地加以考察的、固定的、僵硬的、一成不变的研究对象。这种思维方式似乎是极容易理解的，然而，它一跨入广阔的研究领域，就会变成片面的、狭隘的、抽象的，并且陷入无法解决的矛盾。因为它看到一个一个的事物，忘记它们的联系；看到它们的存在，忘记它们的生成和消逝；看到它们的静止，忘记它们的运动；因为它只见树木，不见森林。培根和洛克使形而上学成为一套完整的思维方式，这种思维方式离开整体而言就不能把握世界的整体性。

形而上学思维方式是时代的产物。17世纪至18世纪，为了研究自然界的各种事物，人们需要在细节上具体认识事物，形而上学思维方式解决了时代提出的任务。从人类认识发展来看，形而上学思维方式同古代朴素的辩证法相比，是思维方式的一大进步。只有以世界局部的科学认识作基础，才能正确科学地把握世界整体。但是由于当时还只是处于搜集资料阶段，还没有达到整理资料的阶段，人们还没有条件形成对事物的整体性认识。恩格斯认为，形而上学在常识范围内是可尊敬的，但是超过这一范围就会陷入无法解决的矛盾。形而上学为唯物辩证法的产生也提供了条件。资产阶级曾经利用形而上学批判经院哲学，但是，随着资产阶级的反动，形而上学失去其进步的一面，资产阶级利用形而上学反对无产阶级革命。形而上学必将被更为先进的、成熟的辩证思维方式所代替。

（二）用辩证法去考虑宇宙的发展和人类的发展

恩格斯指出："要精确地描绘宇宙的发展和人类的发展，以及这种发展在人们头脑中的反映，就只有用辩证的方法，只有不断地注意生成和消逝之间、前进的变化和后退的变化之间的普遍相互作用才能做到。"这种近代德国哲学在黑格尔的体系中完成了。黑格尔第一次把整个自然的、历史的和精神的世界描写为一个过程，即把它描写为处在不断的运动、变化、转变和发展中，并企图揭示这种运动和发展的内在联系。但是，黑格尔是唯心主义者，在他看来，事物及其发展只是在世界出现以前，已经以某种方式存在着的"观念"的现实化的反映。这样，一切都被头足倒置了，世界的现实联系完全被颠倒了。德国唯心主义是荒谬的，于是就必然导致唯物主义，现代唯物主义把历史看作人类的发展过程，而它的任务就在于发现这个过程的运动规律。"现代唯物主义本质上都是辩证的，而且不再需要任何凌驾于其他科学之上的哲学了。"

马克思和恩格斯批判地继承了黑格尔的辩证法这一合理内核，把辩证法建立在唯物主义基础之上，创立了辩证唯物主义，为科学社会主义提供了正确的世界观和方法论。辩证唯物主义改变了唯心辩证法的头足倒置的状况，描述了世界运动和发展的规律，建立了以对立统一规律为实质和核心的唯物而辩证的思想和规律体系。现代唯物主义就是马克思主义。现代唯物主义是目前唯物主义与辩证法发展的最高阶段。现代唯物主义是用辩证法去考虑宇宙的发展和人类的发展的辩证唯物主义。

（三）唯物史观和剩余价值理论揭开了资本主义生产的秘密

伴随着资本主义社会无产阶级和资产阶级矛盾运动的愈演愈烈，唯物史观在这种社会存在的基础上产生了。1831年，法国里昂工人起义。1838年—1842年，爆发了英国宪章运动。1844年，发生德国西里西亚纺织工人起义。这是当时资本主义世界著名的三大工人运动。特别是宪章运动，它是世界上第一次广泛的、真正群众性的、政治上已经成型的无产阶级革命运动。无产阶级反抗资产阶级的运动虽然都失败了，但是它表明，无产阶级作为独立的政治力量开始登上政治历史舞台。无产阶级和资产阶级是两个利益根本对立的阶级，无产阶级反对资产阶级的斗争是社会发展的动力。唯物史观把社会主义置于历史的规律之中。

唯物史观的创立，是历史发展的必然。无产阶级与资产阶级的斗争，宣告了唯心史观的破产。唯物史观指出，社会发展的真正动因是社会物质经济原因，社会物质资料的生产方式是人类社会发展的决定力量。社会的基本矛盾运动是社会发展的根本动力，其中生产力是社会变革的最终决定力量。阶级斗争是社会发展的直接动力。社会主义是资本主义生产方式中，无产阶级与资产阶级矛盾斗争的必然产物。只有从经济关系出发来说明社会历史现象，才能真正发现社会历史的真正本质。

马克思以前的历史观都是唯心史观。它是在人的思想关系的范围内探寻历史发展的动因。唯物史观从社会物质关系入手，解释社会历史发展的真正规律。唯物史观的创立使人们对社会历史的发展有了新的视角，它使社会主义理论建立在坚实的社会物质生产基础之上，使之由空想变成了科学。社会主义的任务不再是构想未来的理想社会蓝图，而是在实践运动中，研究社会历史发展中的矛盾，在物质经济发展状况中去寻找解决社会矛盾问题的方向、途径和办法，在实践中证明，资本主义必然灭亡、社会主义必然胜利的历史规律。

剩余价值学说进一步揭示了资本主义生产的秘密。用唯物史观分析资本主义社会的生产方式发现，资本主义制度的实质是资本家凭借对生产资料的占有，在等价交换原则的掩盖下，雇佣工人从事劳动，占有工人创造的剩余价值。劳动力商品在使用价值上有一个很大的特点，就是它的使用价值是价值的源泉，它在消费过程中能够创造新的价值，而这个新的价值比劳动力本身的价值更大。正是因为这一点，资本家购买劳动力进行生产，并无偿占有工人创造的剩余价值。剩余价值的生产是在资本主义生产的价值增值过程中，即剩余价值的生产过程中，由可变资本，即用来购买劳动力的那部分资本，来实现的。资本家榨取剩余价值通过绝对剩余价值的生产和相对剩余价值的生产方式进行，通过资本主义简单再生产和扩大再生产实现资本主义生产与积累。剩余价值学说揭示了资本主义生产的物与物关系的背后隐藏着的人与人之间的剥削与被剥削的关系。

马克思和恩格斯通过分析剩余价值的生产、积累、流通以及分配，揭示了剩余价值的运动规律及其作用，创立了剩余价值理论。剩余价值论深刻地揭露了资本主义生产关系的剥削本质，阐明了无产阶级与资产阶级斗争的经济根源，指出了无产阶级革命的历史必然性。剩余价值理论是马克思主义经济理论的基石,是无产阶级反对资产阶级、揭示资本主义制度剥削本质的武器。唯物史观和剩余价值理论的发现使社会主义由空想变成了科学。

二、难点问题分析

(一)唯物史观

唯物史观也叫"唯物主义历史观"或"历史唯物主义"。唯物史观是马克思和恩格斯创立的关于人类社会发展一般规律的科学,是马克思主义哲学的重要组成部分。恩格斯在1892年《社会主义从空想到科学的发展》英文版导言中第一次把这种科学历史观称为"历史唯物主义"。列宁称历史唯物主义为"科学的社会学"、"唯一的科学的历史观"和"社会科学的唯一科学方法即唯物主义的方法"。

理解唯物史观先要了解什么是历史观和历史观的基本问题。历史观是人们对于社会历史的总的、根本的观点。历史观的基本问题是社会存在与社会意识的关系问题。对于这个问题的不同回答,是学习和研究历史观的出发点和立足点,它也是实践中经常遇到并需要解决的问题。最为重要的是,对这一问题的不同回答是划分唯物史观和唯心史观的标准。凡是认为社会存在决定社会意识的观点理论都是唯物史观。相反，凡是认为社会意识决定社会存在的观点理论都是唯心史观。马克思主义产生以前的历史观都是唯心史观。

在唯物史观产生以前，人们总是从神的意志、卓越人物的思想或某种隐秘的理性出发去解释历史的发展。其结果不是曲解人类历史，就是完全撇开人类历史。资产阶级历史观用"人"的观点解释历史，同中世纪用神的意志说明历史的神学观点相比是一个重大进步。但是，它所理解的人是抽象的人，是脱离历史发展条件和具体社会关系、孤立地站在自然面前的生物学意义上的人，是失去感性存在的玄虚的"自我意识"的人。从这种抽象的人出发，必然把历史发展和社会进步的动力归结为人类的善良天性或者神秘的理性。这仍然是用非历史因素、人们想象和思考出来的东西去解释历史，因而不可能正确地认识社会历史。

唯物史观是关于人类社会发展普遍规律的科学，是无产阶级的历史观。历史唯物主义认为，社会历史的发展有其自身固有的客观规律。认为物质生活的生产方式决定社会生活、政治生活和精神生活的一般过程；社会存在决定社会意识，社会意识具有相对独立性，又反作用于社会存在；生产力和生产关系之间的矛盾、经济基础与上层建筑之间的矛盾，是社会的基本矛盾，是推动一切社会发展的基本矛盾；在阶级社会中，阶级斗争是阶级社会发展的直接动力；阶级斗争的最高形式是进行社会革命，夺取国家政权；社会发展的历史是人民群众的实践活动的历史，人民群众是历史的创造者，但人民群众创造历史的活动和作用总是受到一定历史阶段的经济、政治和思想文化条件的制约。人类社会的发展是一个自然历史过程，社会发展经历不同的社会形态，共产主义社会是人类社会发展的最高阶段，是人类追求的美好理想和崇高信仰。

马克思主义唯物史观的创立，把辩证法和实践观引入社会历史领域，实现了唯物辩证的自然观和历史观的统一。它第一次把历史观建立在科学的唯物主义基础上，宣告了唯心史观的破产。揭示了人类社会发展规律，为人们提供了正确认识社会现象和社会历史发展规律的思想路线。它论证了资本主义社会产生、发展和灭亡的规律，纠正了空想社会主义者仅仅从抽象的理性原则出发谴责资本主义制度的缺陷。因此，唯物史观是社会主义从空想变成科学的基石。

（二）剩余价值理论

剩余价值理论是科学社会主义理论的重要基石。剩余价值是雇佣工人创造的被资本家无偿占有的超过劳动力价值的价值。它体现着资本家对工人的剥削关系，资本主义生产的唯一目的是榨取工人创造的剩余价值。资本主义生产的实质就是剩余价值的生产，剩余价值规律是资本主义的基本经济规律，它决定着资本主义的一切主要方面和矛盾发展的全部过程，决定着资本主义生产的高涨和危机，决定着资本主义的发展和灭亡。

剩余价值是由雇佣工人在生产过程中创造出来的。雇佣工人的劳动时间分为必要劳动时间和剩余劳动时间。雇佣工人生产自己所必需的生活资料价值的劳动所需要的时间就是必要劳动时间；雇佣工人超出为自己生产所必需的生活资料价值的必要劳动时间以外，生产剩余价值的劳动所需要的时间，就是剩余劳动时间。资本家强迫工人在必要劳动时间生产出劳动力价值，在剩余劳动时间内，生产剩余价值。剩余价值被资本家无偿占有。

资本家追逐剩余价值有两种方法。一种是绝对剩余价值生产。这是指在必要劳动时间不变的条件下，由延长工作日的长度而生产的剩余价值。在必要劳动时间既定的条件下，工作日越长，剩余劳动时间越长，资本家榨取的剩余价值就越多。资本家还用提高劳动强度的方法，迫使工人更加紧张地劳动，让他们在同样长的时间内比以前消耗更多的脑力和体力，这和延长工作日没有本质区别，也是绝对价值的生产。另一种是相对剩余价值的生产。在工作日长度不变的条件下，通过缩短必要劳动时间而相对延长剩余劳动时间生产剩余价值。这种生产剩余价值的方法是相对剩余价值的生产。在资本主义社会发展初期资本家主要进行的是绝对剩余价值的生产，二战以后，相对剩余价值的生产成为主要的生产形式。

剩余价值的生产体现了资本家对雇佣工人的剥削。资本家对工人的剥削与过去的剥削形式有所不同。其一，资本主义剥削是隐蔽的。它是在等价交换原则掩盖下的剥削，是在资本主义工资的形式掩盖下的剥削。过去社会的剥削都是赤裸裸的。其二，资本主义的剥削是无止境的。过去社会的剥削是以使用价值为对象的。资本主义的剥削是为了榨取更多的价值，资本家追逐剩余价值的欲望永远是无止境的。其三，资本主义社会的剥削是更深程度的剥削。在过去的社会里，生产力水平低，自然经济占统治地位，可供剥削的剩余劳动受一定生产条件和历史条件的限制。在资本主义社会，随着生产力水平的提高，剩余劳动相应地不断增加，资本家对工人阶级的剥削程度也在不断加深。

剩余价值理论揭露了资产阶级对无产阶级剥削的秘密，揭示了资本主义产生、发展及灭亡的规律，指出了无产阶级的历史使命和社会历史发展方向，剩余价值学说是马克思主义的伟大发现，是科学社会主义的基石。

第三节 相关链接

在这一章里，涉及到的重要相关人物、事件及理论有唯物主义发展的三种形态、辩证法与形而上学、黑格尔及绝对精神以及关于赫拉克利特及其思想的介绍。

一、唯物主义发展的三种形态

在哲学史上，唯物主义的发展经历了三个历史形态，即古代朴素唯物主义、近代机械唯物主义、新唯物主义（即辩证唯物主义和历史唯物主义）。

古代朴素唯物主义产生在人类社会早期的奴隶社会和封建社会，在古代中国和古代希腊都有这种唯物主义。古代朴素唯物主义的特点有三个方面。其一，它把人的思维带进新的境界。在那个时代由于生产及科学不发达，人们的哲学观念大多是唯心主义的，体现出对未知世界的恐惧和崇拜。但是，古代朴素唯物主义却使人们的视角发生了根本性的转变——世界也可能是物质的，物质是世界的本原。这就把人的思维带进一个与众不同的新境界。如古希腊哲学家泰勒斯提出"水是万物的始基"；赫拉克利特认为"世界是一团永恒的活火"；中国的五行说认为，世界是由水、木、金、火、土五种物质相生相克，运动变化发展而来。这些理论观念都为人们打开了新的视界。其二，古代朴素唯物主义具有朴素的辩证法思想。它能够指出，事物都是由对立面的双方构成。整个世界是普遍联系，不断运动变化生成发展的。其三，古代朴素唯物主义也有自身的致命的缺陷，就是它具有猜测性，缺少科学依据，这是与当时时代条件密切相关的。

近代机械唯物主义，也称作近代形而上学唯物主义，在16世纪末、17至18世纪的西方资本主义国家，主要是英国、法国等国家出现。近代机械唯物主义有三个特点。其一，机械性。由于当时牛顿力学的发展，机器大工业开始出现，近代机械唯物主义者竟然把自然变迁、社会发展、思维运动、智力程度等一切因素的发展等同于机器及机器的发展，拉美特里甚至写了一部著作名字就叫《人是机器》。其二，形而上学性。由于当时社会正处于搜集资料阶段，还无法进入整理资料的阶段，人们的认识更多的是孤立、静止、片面地看问题，从而形成形而上学的思维方式。其三，历史观上的唯心主义。近代机械唯物主义是不彻底的唯物主义，在自然观上是唯物的，而在历史观上就是唯心主义了，也叫"半截子唯物主义"。

辩证唯物主义和历史唯物主义又被称为新唯物主义、现代唯物主义或科学唯物主义。它不是两个主义，是指马克思、恩格斯创立的唯物主义。1842年《共产党宣言》的发表，标志着马克思主义的诞生。这是一种以实践为基础的唯物主义，它把辩证法建立在唯物主义基础之上，确立了辩证唯物主义，又把唯物主义从自然观贯彻到社会历史领域，创立了历史唯物主义，实现了哲学史上的巨大变革。辩证唯物主义和历史唯物主义是唯物主义发展的新阶段。

二、辩证法与形而上学

辩证法和形而上学的含义要从它们的来源来分析。形而上学来源于古希腊。古希腊的亚里士多德写了一部著作《物理学》，在这一著作后有一篇跋，主要讲述宇宙的本源等规律性的内容。后来这篇跋单独成册，取名为《物理学之后》。后来，中国人严复将其翻译成中文，被译为《形而上学》。那么严复为什么要把《物理学之后》翻译成《形而上学》呢？这是根据中国古代典籍《易·系辞》中的一句话："形而上者谓之道，形而下者谓之器。"器，是指可感的经验。道，是指规律。由于《物理学之后》讲述的是规律性的内容，是规律之学，所以被译成《形而上学》。所以，形而上学最初的含义就是"规律之学"的意思。后来，形而上学又有了其他的含义。它的第二种含义是指研究感官经验以外对象（如灵魂、思维、意志、神灵、梦等）的哲学，是哲学的代名词。形而上学的第三种含义，是指孤立的、静止的、片面的思维方式。这个含义是在学习马克思主义哲学中最常用的含义。形而上学的含义有很多种，所以，对于形而上学意义的理解，要在不同的语境下合理分析并理解。

形而上学发展观就是用孤立的、静止的、片面的思维方式看待世界发展的基本观点。早期的形而上学发展观否定运动。认为一切不变，真正的存在是僵死不动的，一切运动都是假象。近代形而上学发展观，否认联系，看不到部分与整体的关系。19世纪庸俗进化论，把社会发展等同于自然变迁和生物进化。当代的形而上学发展观打着辩证法的旗号，不否认联系、运动、发展，但是却看不到联系、运动、发展过程中的差异、条件和中介。

辩证法也来源于古希腊。辩证就是指论辩、论战、对话的意思。在古希腊人们崇尚论辩之道，人们把揭露对方谈话中的矛盾取得胜利的艺术称作辩证法。后来，辩证法指与形而上学相对立的全面的、发展的、联系的思维方式。辩证的发展观是指用全面的、发展的、联系的思维方式看待世界发展的基本观点。辩证法也经历了三种基本的历史形式——古代朴素辩证法、以黑格尔为代表的唯心辩证法和马克思主义唯物辩证法。古代朴素辩证法，强调事物的运动变化，指出统一物由对立面的双方构成，但是它的缺陷在于直观并缺少科学依据。以黑格尔为代表的唯心辩证法，有着优秀的辩证法的思想，但是却把辩证法建立在唯心主义基础之上，被称为"头足倒置"的辩证法。马克思主义唯物辩证法是辩证法发展的崭新阶段。马克思把辩证法建立在唯物主义基础之上，并且把唯物主义从自然观贯彻到社会历史领域，形成了统一而完整的唯物辩证法，是辩证法发展史上的进步。

辩证法和形而上学是对立的思维方式。形而上学指孤立的、静止的、片面的思维方式，而辩证法指全面的、发展的、联系的思维方式。它们对立的焦点在于是否承认矛盾是事物发展的决定力量。

三、黑格尔及绝对精神

黑格尔是德国古典唯心主义哲学的集大成者，是客观唯心主义哲学的代表和政治哲学家。他对德国资产阶级的国家哲学作了最系统、最丰富和最完整的阐述。1770年8月27日黑格尔出生于德国符腾堡公国首府斯图加特一个官吏家庭。1780年起就读于该城文科中学，1788年10月在图宾根神学院学习，主修神学和哲学。在那里，他与荷尔德林、弗里德里希·谢林成为朋友，并被斯宾诺莎、康德、卢梭等人的著作和法国大革命深深吸引。1793—1796年在瑞士伯尔尼贵族家中担任家庭教师，1797年末至1800年在法兰克福任家庭教师。1800年到耶拿，与谢林共同创办《哲学评论》杂志。次年成为耶拿大学编外讲师，四年之后成为副教授。1807年出版他的第一部著作《精神现象学》。1808至1816年，他在纽伦堡当了八年的中学校长。在此期间完成了《逻辑学》一书。1816—1817年任海德堡大学哲学教授。1817年，出版《哲学全书》，完成了他的哲学体系。1818年后任柏林大学哲学教授，1821年出版《法哲学原理》。1830年，黑格尔被任命为柏林大学校长和政府代表，其哲学思想被定为普鲁士国家的钦定学说。他创立了欧洲哲学史上最庞大的客观唯心主义体系，并极大地发展了辩证法。1831年死于霍乱。他去世后，其在柏林大学的讲稿被整理为《哲学史讲演录》、《美学》和《宗教哲学》。

黑格尔把绝对精神看作世界的本原。他认为，绝对精神并不是超越于世界之上的东西，自然、人类社会和人的精神现象都是它在不同发展阶段上的表现形式。因此，事物的更替、发展、永恒的生命过程，就是绝对精神本身。黑格尔哲学的任务和目的，就是要展示通过自然、社会和思维体现出来的绝对精神，揭示它的发展过程及其规律性，实际上是在探讨思维与存在的辩证关系，在唯心主义哲学基础上揭示二者的辩证统一。

　　围绕这个基本命题，黑格尔建立起令人叹为观止的客观唯心主义体系，主要讲述绝对精神自我发展的三个阶段，即逻辑学、自然哲学、精神哲学。他认为思维和存在统一于绝对精神，绝对精神是一独立主体，是万事万物的本原与基础，它的辩证发展经历了逻辑、自然、精神三个阶段。黑格尔在论述每一个概念、事物和整个体系的发展中自始至终都贯彻了这种辩证法的原则。逻辑学是"研究观念（理念）自在自为的科学"，将质量互变、对立统一、否定之否定当作思维的规律加以阐明，在概念的辩证法中，他猜测到了客观事物本身的辩证法。自然哲学是"研究观念他在或外在化的科学"，他以幻想代替事实，发表了一些错误理论，但他也提出了合理的思想。精神哲学是"研究观念由他在回复到自身的科学"，他提出了社会政治、伦理、历史、美学等方面的观点和主张，并试图找出贯穿在历史各方面的发展线索。这是人类思想史上最惊人的大胆思考之一。恩格斯后来给其以高度的评价："近代德国哲学在黑格尔的体系中达到了顶峰，在这个体系中，黑格尔第一次（这是他的巨大功绩）把整个自然的、历史的和精神的世界描写为处于不断运动、变化、转化和发展中，并企图揭示这种运动和发展的内在联系。"黑格尔哲学中的辩证法思想是值得我们吸收和借鉴的。但是它建立在唯心主义哲学基础之上，是"头足倒置"的哲学。黑格尔哲学也是马克思主义哲学的直接理论来源之一。

20世纪黑格尔的哲学开始复兴。这主要是因为20世纪中后期，伴随着社会主义运动和世界民族解放运动的兴起和发展，马克思主义理论在实践中得到发展和壮大，马克思主义成为新兴社会主义国家的社会主导意识形态。由于黑格尔哲学是马克思主义哲学直接的理论来源，从而使黑格尔哲学得到重视并重新认识。此外，在西方资本主义世界，当资本主义走向垄断的时候，垄断资产阶级为了维护自己的统治，打着黑格尔哲学的旗号，积聚力量，强化国家机器，对人民进行血腥统治，黑格尔的历史观开始复活，但是被篡改和歪曲。20世纪初，流行在英国、美国、德国、意大利等国的新黑格尔主义就是明证。当然，在现代，黑格尔辩证法的重要性也得到广泛的认同。乔治·卢卡斯的《历史和经典概念》一书，将黑格尔的理论重新带到马克思经典研究中，它掀起一股重新研究评价黑格尔哲学的热潮。

四、赫拉克利特

赫拉克利特（公元前540—约前480与470之间），古希腊哲学家，爱非斯学派的创始人。赫拉克利特生于以弗所（今土耳其伊兹密尔附近）一个贵族家庭，尽管出身高贵，有机会做高官，但他却从未接受过职位。也有人说，他本来应该继承王位，但是他将王位让给了他的兄弟。相传他是一个异类，生性犹豫，人们对他带着尊敬和惊奇的混合感情。他被称为"哭的哲学人"。他没有朋友，晚年隐居起来，只靠野菜和水维持生命，不和任何人往来。赫拉克利特身边没有女人，平日也完全避免和女人接触，他认为，女人始终处于和男人的斗争之中，这是很多斗争中的一个。世界就是在这样一些斗争中产生的。赫拉克利特曾说过："我研究了我自己。"他是一个把目光对准自己内心的人。他排除了其他人的外部干扰，把自己封闭起来，潜入到灵魂的深处，寻找人的本性。据说，他在隐居时，以草根和植物度日，得了水肿病。他到城里找医生，用哑谜的方式询问医生能否使阴雨天变得干燥起来。医生不懂他的意思。他跑到牛圈里，想用牛粪的热力把身体里的水吸出，结果无济于事，去世时大约60

岁。他的文章只留下片段，他习惯用隐喻、悖论写文章，致使后世人们对他的文章解释纷纭。

赫拉克利特的哲学充满了朴素的唯物主义和辩证法的思想。他认为，世界的本质是一团永恒的活火，它按一定尺度燃烧，按一定尺度熄灭。火与万物可以相互转化，但他并未说明转化是如何按尺度进行的。这体现了他哲学上晦涩难懂和神秘主义的特点。他认为火的燃烧中有一定的尺度和逻各斯的思想。因为火是诸元素中最精致，并且是最接近于没有形体的东西，而且火既是运动的，又能使别的事物运动。这是对米利都学派的朴素唯物论思想的继承和深入的发展。

赫拉克利特认为，世界是对立统一的。每一种东西都有它的对立面，世界为斗争所支配。赫拉克利特说："战争是万有之父和万有之王。"对立和矛盾统一起来才能产生和谐。同时，事物都是运动变化的。他有一句名言"人不能两次踏进同一条河流"，因为河里的水是不断流动的，人第一次踏进河流后，水流走了，人第二次踏进河流时，又流来的是新水。河水奔腾，永不止息，所以人不能踏进同一条河流。这说明了客观事物是永恒运动的。他又指出，事物都是相互转化的。冷变热，热变冷，湿变干，干变湿。他还明确断言:"我们走下而又没有走下同一条河流。我们存在而又不存在。"这些都体现了他朴素的辩证法思想。

赫拉克利特是古代朴素唯物主义哲学的杰出代表。他的辩证法思想虽然还带着朴素的直观性,但在当时却是非常深刻的。他的研究,使得关于运动和静止的关系问题成为哲学中的重要问题而展开。他从探究万物的本原深入到要探求现象背后的普遍规律,这为人类认识的发展,特别是为西方的哲学和科学的发展提供了方向。关于对立统一问题的探讨,虽然在古希腊哲学中米利都学派已经涉及到,毕达哥拉斯学派也已经列出对立的表现,但是,从哲学上探讨对立面之间的相互关系,却是从赫拉克利特开始的。他看到对立双方是相互依存、相互转化、相互作用的,提出了斗争是万物之父、万物之王的思想。他无愧为辩证法的奠基人。他重视感觉经验,最早提出感觉是否可靠的问题,又提出人有共同的智慧。在认识论方面也做出了贡献。

第四节　理论意义与现实意义

一、剩余价值理论提出的意义

恩格斯认为，以往的社会主义者批判了资本主义生产方式的罪恶，但是没有揭露这种罪恶的经济根源，他们反对资本主义剥削，但没有找到问题的实质。马克思运用唯物史观剖析资本主义生产方式，分析资本主义生产关系和经济运动规律，创立了剩余价值学说，从而揭示了资本主义剥削的秘密和实质。

从理论意义看，马克思剩余价值理论的提出，揭示了资本主义特殊的经济发展规律，揭露了资本主义生产关系的剥削本质和秘密，阐明了无产阶级和资产阶级矛盾对立的经济根源，指出社会历史发展的必然规律，指明了资本主义制度的本质和必然灭亡的趋势，找到了推翻资本主义、实现社会主义这一伟大历史使命的承担者，使社会主义由空想到科学。同时，马克思剩余价值理论的提出，也从经济上建立了批判资本主义制度的可行性和科学依据，从而为政治上反对资产阶级的统治找到了方向和基础。剩余价值理论中对资本主义社会及生产方式的批判，有着道义上的优势，而这种道义上的优势是建立社会主义政治合理性的根本基础。

从实践意义看，剩余价值理论的提出，鼓舞了工人的革命斗志，为资本主义社会工人运动指明了方向，它是促使资本主义社会向共产主义社会转化的理论基础。同时，马克思剩余价值理论的提出，也揭示了商品生产和社会化生产的一般规律，如关于资本的循环与周转、社会再生产理论、资本积累的规律等。这些规律，在资本主义制度下，具有特殊的表现形式。在社会主义制度下，如果撇开剩余价值理论在资本主义社会中的具体的表现形式和制度因素，那么，这些规律对社会主义市场经济的发展也具有重大的指导和借鉴意义。

二、唯物史观提出的意义

唯物史观是马克思的伟大发现之一，它具有重要的理论和实践意义。

首先，唯物史观实现了社会历史观的伟大变革。

唯物史观的创立实现了社会历史观的伟大变革，在人类思想发展史上第一次正确解决了社会历史观的基本问题。恩格斯《在马克思墓前的讲话》中写道:"正像达尔文发现有机界的发展规律一样,马克思发现了人类历史的发展规律,即历来为繁芜丛杂的意识形态所掩盖着的一个简单事实:人们首先必须吃、喝、住、穿,然后才能从事政治、科学、艺术、宗教等,所以,直接的物质的生活资料的生产,从而一个民族或一个时代的一定的经济发展阶段,便构成基础,人们的国家设施、法的观点、艺术以至宗教观念,就是从这个基础上发展起来的,因而,也必须由这个基础来解释,而不像过去那样做得相反。"唯物史观的创立,实现了人类历史观,乃至整个社会科学的伟大变革,它使人们能客观地、科学地认识社会生活的本质和社会发展的规律,进而指导人们认识世界、改造世界的实践活动。列宁把唯物史观称之为"科学思想中的最大成果"、"唯一的科学的历史观",是"社会科学的别名"。

它结束了唯心史观在社会历史领域的长期统治,使历史破天荒地第一次建立在它的真正基础——唯物主义基础之上,建立在社会物质经济基础之上。唯物史观在社会生活各领域中划分出经济领域,从社会关系中找到决定其他一切关系的生产关系，将生产关系建立在一定社会的生产力发展之上，将社会的上层建筑发展建立在生产力与生产关系矛盾运动基础之上。它将社会发展看作是一个自然历史过程，从而解决了社会发展的"历史之谜"，揭示了社会发展的基本动力和基本规律。它把唯物主义从自然观贯彻到社会历史领域，实现了马克思主义的自然观和历史观在唯物主义基础上的统一，创立了完整而统一的马克思主义理论，即辩证唯物主义和历史唯物主义。它作为人类的认识工具，是我们观察和研究社会历史问题的一般方法，是我们解决社会历史问题的指南。唯物史观的创立在人类历史上完成了对社会历史的科学认识，捍卫了唯物主义的权威，使唯心主义得到彻底的摧毁。它成为马克思对人类最重要的两大贡献之一。

其次，唯物史观的创立，使社会主义从空想变成了科学。

唯物史观的创立，宣告了唯心史观的破产。唯物史观从社会物质关系入手，解释社会历史发展的真正规律。指出社会发展的真正动因是社会物质经济原因，社会物质资料的生产方式是人类社会发展的决定力量，社会发展的最终决定力量是生产力。

在唯物史观的基础之上，马克思研究了人类社会特殊发展阶段——资本主义社会，对资本主义生产方式进行研究。他从资本主义社会的商品入手，通过研究商品生产和商品交换以及由此形成的社会矛盾和社会关系，揭露了资本主义剥削的秘密，创立了剩余价值学说。唯物史观和剩余价值理论的创立揭示了社会发展的真正动因，为科学社会主义理论的形成奠定了坚实的唯物主义基础，并创造了科学的理论基石，正是这两大理论的详细阐述和科学的逻辑论证使社会主义从空想变成了科学。

最后，唯物史观是国际社会主义运动和当代中国社会主义发展的思想武器。

唯物史观的创立，可以使我们正确把握社会主义理论和实践。当今世界风云变幻，唯物史观可以使我们憧憬人类美好的社会理想，坚定共产主义信念，认清正确的社会发展方向，批判继承人类社会的优秀成果，使社会主义沿着科学健康的道路前进。唯物史观也是建设有中国特色社会主义的强大精神武器。中国社会发展中的社会矛盾和社会问题，需要用唯物史观的立场、观点和方法来分析和研究，找到适合中国国情和社会发展的解决办法，进而实现社会主义理想和伟大目标。

三、科学社会主义创立的历史意义

科学社会主义是成熟的无产阶级运动的理论表现，是关于社会主义和共产主义社会的产生、发展及规律的科学。科学社会主义理论的创立具有重要的理论与现实意义。

首先，科学社会主义理论克服了空想社会主义的思想局限。空想社会主义者从理性原则来批判资本主义社会，从头脑中构思未来社会的美好蓝图，这是一种唯心主义历史观。这种建立在思想、理性、社会意识基础上的社会构想注定是不切实际的、空想的。科学社会主义克服了空想社会主义的局限，科学社会主义把社会主义理论建立在唯物史观和剩余价值理论基础之上，建立在现实的社会实践和社会物质经济关系之中，从生产方式和交换方式的变革去探求未来理想社会的发展规律。科学社会主义理论有着科学的理论基础、逻辑的理论论证、现实的社会根基，这些决定了这种理论的科学性。

其次，科学社会主义理论克服了空想社会主义理论的阶级局限。空想社会主义者虽然不同于资产阶级启蒙学者，但是他们并没有改变资产阶级启蒙学者的思维方式及本质，这就导致他们对资本主义批判不彻底。他们批判资本主义社会的罪恶，却没有看到罪恶的深层次的社会物质经济根源，没有看到是资本主义社会的基本矛盾导致了这种罪恶现象、阶级的对立和阶级对抗。他们找不到通向人类美好社会的合适道路和方式。此外，空想社会主义者产生的时代，大工业生产还未普及，工人阶级的力量还不是很强大，以至于空想社会主义者找不到未来社会变革的依靠力量，他们甚至把流氓无产者看作是无产阶级的代表，看作是未来社会的新生力量。科学社会主义论证了未来社会的变革要依靠无产阶级，通过无产阶级的暴力革命才能彻底实现，克服了空想社会主义的改良思想和对无产阶级的同情的无能为力。

最后，科学社会主义理论对中国社会主义革命和社会主义建设具有重要的理论与现实意义。科学社会主义理论鼓舞并指导中国社会先进分子为实现社会主义的美好理想而奋斗。科学社会主义的科学理论为中国先进分子带来了科学的立场、理论、严谨的逻辑论证，给中国共产党和中国人民以坚定的信念和实现并建设社会主义的信心和决心。中国社会主义社会是在科学社会主义理论的指导下建立起来的。在中国革命和社会主义建设过程中,科学社会主义理论为我们指明了方向、道路。中国共产党和中国人民在科学社会主义理论的引领和启迪下,完成了中国的社会革命,建立了社会主义国家,把科学社会主义的普遍理论与中国具体国情结合起来,取得了中国无产阶级革命的胜利,建立了具有中国特色的社会主义国家。可以说科学社会主义是中国社会主义革命和建设的指路明灯。

第五章　理想社会的预言

《社会主义从空想到科学的发展》正文第三章论述了社会主义代替资本主义的历史必然性。恩格斯用唯物史观的基本原理分析人类社会的基本矛盾及其表现，揭示资本主义必亡、社会主义必胜的客观规律，论述了无产阶级革命的力量和道路以及共产主义社会的基本特征。

第一节　主要内容介绍

文章包括三部分内容：第一部分恩格斯阐述了什么是社会主义；第二部分恩格斯分析了资本主义社会的基本矛盾，论证了资本主义必然灭亡和社会主义必然胜利是社会发展的客观规律；第三部分恩格斯分析了社会主义革命的根本途径和依靠力量，描绘了未来新社会的基本特征。

一、现代社会主义及其基础

恩格斯阐述了什么是现代社会主义及其客观基础。恩格斯指出了马克思主义历史观的唯物主义基础："生产以及随生产而来的产品交换是一切社会制度的基础。"一切社会变迁和政治变革的终极原因，应当到生产方式和交换方式的变更中去寻找，应当到有关时代的经济中去寻找。同时，用来消除已经发现的弊病的手段，也"存在于已经发生变化的生产关系本身中"，"应当通过头脑从生产的现成物质事实中发现出来"。

恩格斯指出，现代资本主义制度产生及发展中的矛盾是客观存在的。首先，"资产阶级所固有的生产方式是同封建制度的地方特权、等级特权以及相互的人身束缚不相容的"，于是，"资产阶级摧毁了封建制度，并且在它的废墟上建立了资产阶级的社会制度，建立了自由竞争、自由迁徙、商品占有者平等的王国以及其他一切资产阶级的美妙东西"。其次，当资本主义生产方式可以自由发展的时候，"大工业得到比较充分的发展时就同资本主义生产方式对它的种种限制发生冲突了"，"新的生产力已经超过了这种生产力的资产阶级利用形式"。

恩格斯指出，资本主义社会中，生产力和生产方式之间的这种冲突，存在于事实中，是客观存在的。"现代社会主义不过是这种实际冲突在思想上的反映"，而且首先是在那个直接吃到它的苦头的阶级即工人阶级的头脑中的观念上的反映。

二、资本主义社会的基本矛盾及发展趋势

恩格斯分析了资本主义社会的基本矛盾，论证了资本主义必然灭亡和社会主义必然胜利是社会发展的客观趋势。

（一）资本主义社会的基本矛盾

恩格斯运用与中世纪封建社会的小生产方式相对比的方法，分析了资本主义社会的基本矛盾。首先，他指出，资本主义生产是社会化大生产。资本主义生产方式及其承担者即资产阶级的历史作用是把中世纪封建社会那种分散的小的生产资料加以集中和扩大，把它们变成现代的强有力的生产杠杆，把它们变成强大的生产力。同生产资料一样，生产本身也从一系列的个人行动变成了一系列的社会行动，而产品也从个人的产品变成了社会的产品。

其次，恩格斯指出，资本主义社会化大生产是一种新的

生产方式，它使全部旧的生产方式发生革命。由社会分工而产生的商品社会，在资本主义社会中渗入了一种新的生产方式。在无计划的分工中间出现了有组织的、有计划的分工，在个体生产旁边出现了社会化生产。两者的产品在同一市场上出卖，价格至少大体相等。但是，有计划的组织要比自发的分工有力量，产品甚至更为便宜。这样，个体生产在一个又一个的部门中遭到失败。社会化生产使全部旧的生产方式发生革命。

最后，恩格斯指出，资本主义社会的基本矛盾是资本主义社会化大生产与资本主义私人占有之间的矛盾。在资本主义社会中，生产资料和生产实质上已经社会化了，但是，生产资料和产品的占有形式仍然是以个体的私人生产为前提。生产方式虽然已经消灭了这一占有形式的前提，但是它仍然服从于这一占有形式，这便产生了资本主义社会的基本矛盾，资本主义社会化大生产与资本主义私人占有之间的矛盾就此产生。这是具有资本主义性质的矛盾，它已经包含着现代资本主义社会中一切冲突的萌芽。

（二）资本主义社会基本矛盾的两个表现

恩格斯指出了资本主义社会基本矛盾的两个表现。资本主义社会基本矛盾的第一个表现是无产阶级与资产阶级的对立。生产资料一旦变为社会化的生产资料并集中在资本家手中，雇佣劳动的情形就发生了改变。起初，雇佣劳动是一种例外、一种副业、一种辅助办法、一种暂时措施。现在成了整个生产的通例和基本形式，成了工人的唯一职业，暂时的雇佣劳动者变成了终身的雇佣劳动者。个体小生产者的生产资料和产品变得越来越没有价值，他们除了受雇于资本家就没有别的出路。此外，封建制度的崩溃使农民被逐出自己的家园，终身的雇佣劳动者大量增加。生产资料集中在资本家手里，劳动者变得一无所有，这两个条件，使得资本主义大生产得以产生并扩大，无产阶级成为一无所有的被资本家剥削的、处于社会最底层的雇佣工人。无产阶级与资产阶级的矛盾逐渐凸显。这时，社会化生产和资本主义占有之间的矛盾表现为无产阶级和资产阶级的对立。

资本主义社会基本矛盾的第二个表现是生产上个别工厂生产的有组织性与整个社会的无政府状态之间的矛盾。恩格斯指出，以商品生产为基础的社会都有一个特点，即这里的生产者丧失了对他们自己的社会关系的控制，社会生产呈现无政府状态。每种商品生产多少，需要多少，谁也不知道，是否真正为人所需要,能否收回成本,是否能卖出去也不知道。每个人都用自己偶然拥有的生产资料并为自己的特殊的交换需要而各自进行生产。但是商品生产是有规律的,这些规律是客观存在的,不以人的意志为转移的。它们在无政府状态中、通过无政府状态而为自己开辟道路。这些规律在交换中表现出来,并且作为竞争的强制规律对各个生产者发生作用。"这些规律是在不经过生产者并且同生产者对立的情况下,作为他们的生产形式的盲目起作用的自然规律而为自己开辟道路。"

恩格斯指出,在中世纪的社会里,生产基本上是为了供自己消费。起初,生产主要是满足生产者及其家属的需要。没有交换,产品也不具有商品的性质。只有当他们在满足自己的需要并向封建主交纳实物贡赋以后还能生产更多的东西时,他们才开始生产商品。城市手工业者一开始就必然为交换而生产,但是他们也自己生产自己所需要的大部分东西,这时以交换为目的的生产,即商品生产,还只是在形成中。"交换是有限的,市场是狭小的,生产方式是稳定的,地方和外界是隔绝的,地方内部是统一的;农村中有马尔克,城市中有行会。"

恩格斯指出，商品生产的扩展，资本主义生产方式的出现，使商品生产规律日益发挥强大的作用。旧的束缚被打破，生产者日益变为独立的、分散的商品生产者了。社会生产的无政府状态越来越明显，"资本主义生产方式用来加剧社会生产中的这种无政府状态的主要工具正是无政府状态的直接对立物：每一个别生产企业中的生产作为社会化生产所具有的日益加强的组织性"。资本主义生产方式取代了旧的生产方式和原有的手工业，通过商品生产和商业竞争把劳动场地变成了战场。地理大发现和殖民掠夺又扩大了市场，加速了手工业向工场手工业的转化。这种斗争逐渐成为全国式的、普遍和剧烈的。资本主义生产的生死存亡都取决于天然的或人为的生产条件的优劣。"这是从自然界加倍疯狂地搬到社会中来的达尔文的个体生存斗争。动物的自然状态竟表现为人类发展的顶点。社会化生产和资本主义占有之间的矛盾表现为个别工厂中生产的组织性和整个社会中生产的无政府状态之间的对立。"

（三）资本主义基本矛盾造成的后果

恩格斯指出了资本主义基本矛盾造成的后果。资本主义生产带来了社会的恶性循环。资本主义生产方式在它生而具有的矛盾的这两种表现形式中运动着,处在"恶性循环"中,这种循环在逐渐缩小。"社会的生产无政府状态的推动力使大多数人日益变为无产者,而无产者群众又将最终结束生产的无政府状态。"这种恶性循环表现在两方面。一是失业。社会的生产无政府状态的推动力,使工业资本家不断改进自己的机器,进而促使人的劳动的过剩。机器成了资本用来对付工人阶级的最强有力的武器,"劳动资料不断地夺走工人手中的生活资料,工人自己的产品变成了奴役工人的工具",一部分人的过度劳动成了另一部分人失业的前提。二是造成社会的两极分化。大量的过剩人口,是使工资抑制在合乎资本家需要的低水平上的调节器,从而破坏了国内市场。"在一极是财富的积累,同时在另一极,即在把自己的产品作为资本来生产的阶级方面,是贫困、劳动折磨、受奴役、无知、粗野和道德堕落的积累。"

资本主义生产带来了周期性经济危机的出现。社会中的生产无政府状态迫使各个工业资本家不断改进自己的机器,扩大生产规模,这种大工业的巨大的扩张力不顾任何反作用力而在质量上和数量上进行扩张。当市场的扩张赶不上生产的扩张,冲突就不可避免了,这种矛盾是资本主义社会中不可调和的矛盾，在资本主义社会灭亡之前，它成为周期性的"恶性循环"。只要资本主义社会还存在，这种恶性循环就不会被消除。这就是资本主义社会的周期性的经济危机。自从1825年第一次普遍危机爆发以来，差不多每隔十年就要爆发一次经济危机。从一次危机开始到另一次危机的爆发，就是再生产的一个周期。它一般经历四个阶段，即危机、萧条、复苏和高涨，如此反复不已。危机阶段是必经阶段，资本主义经济危机的实质是生产的相对过剩引起的危机。"在危机中，社会化生产和资本主义占有之间的矛盾剧烈地爆发出来。""经济的冲突达到了顶点：生产方式起来反对交换方式。"

资本主义生产带来了垄断。生产过剩的危机使得生产资料难以发挥作用，工人的劳动和生活陷入困境。社会产品极大浪费。这表明，"一方面，资本主义生产方式暴露出它没有能力继续驾驭这种生产力。另一方面，这种生产力本身以日益增长的威力要求消除这种矛盾，要求摆脱它作为资本的那种属性，要求在事实上承认它作为社会生产力的那种性质"。为了使社会化的生产能够尽量有计划、有组织地进行下去，满足生产力的发展要求，资本家不得不改变策略。这样就出现了垄断。"国内同一工业部门的大生产者联合为一个"托拉斯",即一个以调节生产为目的的联盟。它们规定应该生产的总产量,在彼此间分配产量,并且强制实行预先规定的出售价格。但是,这种托拉斯一遇到不景气的时候大部分就陷于瓦解,正因为如此,它们就趋向于更加集中的社会化,整个工业部门变为一个唯一的庞大的股份公司,国内的竞争让位于这一个公司在国内的垄断。"在托拉斯中,自由竞争转变为垄断,而资本主义社会的无计划生产向行将到来的社会主义社会的计划生产投降。"

资本主义社会的基本矛盾促使资本主义社会必然灭亡,社会主义社会必然胜利。垄断改变不了资本主义生产的性质,解决不了资本主义社会的基本矛盾。恩格斯指出:"现代国家,不管它的形式如何,本质上都是资本主义的机器,资本家的国家,理想的总资本家。它越是把更多的生产力据为己有,就越是成为真正的总资本家,越是剥削更多的公民。工人仍然是雇佣劳动者、无产者。资本关系并没有被消灭,反而被推到了顶点。但是在顶点上是要发生变革的。生产力归国家所有不是冲突的解决,但是这里包含着解决冲突的形式上的手段,解决冲突的线索。""当人们按照今天的生产力终于被认识了的本性来对待这种生产力的时候,社会的生产无政府状态就让位于按照社会总体和每个成员的需要对生产进行的社会的有计划的调节。那时，资本主义的占有方式，即产品起初奴役生产者而后又奴役占有者的占有方式，就让位于那种以现代生产资料的本性为基础的产品占有方式：一方面由社会直接占有，作为维持和扩大生产的资料，另一方面由个人直接占有，作为生活资料和享受资料。"

三、社会主义革命的力量、途径及未来社会的特征

恩格斯分析了社会主义革命的根本途径和依靠力量，描绘了未来新社会的基本特征。

（一）资本主义社会到社会主义社会的变革力量和途径

资本主义社会到社会主义社会变革的力量是在资本主义生产方式作用下形成的无产阶级。资本主义社会到社会主义社会的途径是无产阶级取得国家政权，生产资料变为国家所有。通过暴力革命，消灭阶级差别和阶级对立，进而消灭阶级和国家。

（二）共产主义社会的基本特征

首先，共产主义是消灭了私有制和阶级的社会。社会阶

级的消灭是以阶级社会历史发展阶段为前提的，社会阶级的消灭是以生产高度发展为前提的，"把生产资料从这种桎梏下解放出来，是生产力不断地加速发展的唯一先决条件，因而也是生产本身实际上无限增长的唯一先决条件。生产资料由社会占有，不仅会消除生产的现存的人为障碍，而且还会消除生产力和产品的有形的浪费和破坏，这种浪费和破坏在目前是生产的无法摆脱的伴侣，并且在危机时期达到顶点。此外，这种占有还由于消除了现在的统治阶级及其政治代表的穷奢极欲的挥霍而为全社会节省出大量的生产资料和产品。通过社会化生产，不仅可能保证一切社会成员有富足的和一天比一天充裕的物质生活，而且还可能保证他们的体力和智力获得充分的自由的发展和运用，这种可能性现在第一次出现了，但它确实是出现了。"

其次，共产主义社会是国家消亡的社会。恩格斯指出："它是当时独自代表整个社会的那个阶级的国家：在古代是占有奴隶的公民的国家，在中世纪是封建贵族的国家，在我们的时代是资产阶级的国家。当国家终于真正成为整个社会的代表时，它就使自己成为多余的了。当不再有需要加以镇压的社会阶级的时候，当阶级统治和根源于至今的生产无政府状态的个体生存斗争已被消除，而由此二者产生的冲突和极端行动也随着被消除了的时候，就不再有什么需要镇压了，也就不再需要国家这种特殊的镇压力量了。"那时国家的职能是以社会的名义占有生产资料，对人的统治变为对物的管理和对生产过程的领导。国家将自然消亡。"国家真正作为整个社会的代表所采取的第一个行动，即以社会的名义占有生产资料，同时也是它作为国家所采取的最后一个独立行动。那时，国家政权对社会关系的干预在各个领域中将先后成为多余的事情而自行停止下来。那时，对人的统治将由对物的管理和对生产过程的领导所代替。国家不是'被废除'的，它是自行消亡的。"

再次，共产主义社会是有计划生产的社会。恩格斯指出："矛盾的解决，无产阶级将取得公共权力，并且利用这个权力把脱离资产阶级掌握的社会化生产资料变为公共财产。通过这个行动，无产阶级使生产资料摆脱了它们迄今具有的资本属性，使它们的社会性质有充分的自由得以实现。从此按照预定计划进行的社会生产就成为可能的了。生产的发展使不同社会阶级的继续存在成为时代错乱。"

最后，共产主义社会是消灭了商品生产和产品对生产者的统治，人们成了社会和自然界真正主人的社会。"一旦社会占有了生产资料,商品生产就将被消除,而产品对生产者的统治也将随之消除。"社会生产内部的无政府状态将为有计划的自觉的组织所代替。个体生存斗争停止了。"于是,人在一定意义上才最终地脱离了动物界,从动物的生存条件进入真正人的生存条件。""随着社会生产的无政府状态的消失,国家的政治权威也将消失。人终于成为自己的社会结合的主人,从而也就成为自然界的主人,成为自身的主人——自由的人。"从这时起,人们自觉地自己创造自己的历史;人们越来越多地达到他们所预期的结果,这是人类从必然王国进入自由王国的飞跃。

(三) 两个必然

恩格斯对前文"两个必然",即"资本主义必然灭亡,社会主义必然胜利"的发展过程作了简单概述。在中世纪社会,商品生产刚刚处于形成过程中,但是这时它本身已经包含着社会生产的无政府状态的萌芽。资本主义革命胜利以后,社会的产品被个别资本家所占有。无产阶级和资产阶级相对立,个别工厂中的社会化组织和整个生产中的社会无政府状态相矛盾。对立和矛盾导致资本主义社会工人失业,社会财富占有出现两极分化状态,生产资料和产品相对过剩,资本主义经济危机出现了，这种矛盾发展到荒谬的程度，生产方式起来反对交换形式。这表明，资产阶级已经暴露出它没有能力继续管理自己的社会生产力。资本家本身不得不部分地承认生产力的社会性质。大规模的生产机构和交通机构起初由股份公司占有，后来由托拉斯占有，然后又由国家占有。资产阶级表明自己已成为多余的阶级，它的全部社会职能现在由领工薪的职员来执行了。无产阶级通过革命，将取得公共权力，生产资料变为公有，社会实行计划生产。阶级和国家消亡，商品生产和商品交换不再需要，社会由必然王国进入到自由王国，人成为自身的主人——自由的人，社会实现"两个必然"的发展。

第二节 重点、难点分析

一、重点问题分析

（一）社会变革的终极原因形成于生产方式和交换方式的变革

社会变革的终极原因形成于生产方式和交换方式的变

更。恩格斯指出，一切社会变迁和政治变革的终极原因，不应当到人们的头脑中，到人们对永恒的真理和正义的日益增进的认识中去寻找，也不应当到有关时代的哲学中去寻找，而应当到生产方式和交换方式的变更中去寻找，应当到有关时代的经济中去寻找。

恩格斯认为，对现存社会制度的不合理性和不公平的认识，表示在生产方法和交换形式中已经不知不觉地发生了变化，适合于早先的经济条件的社会制度已经不再同这些变化相适应了。消除这些社会弊病的手段，也必然以或多或少发展了的形式存在于已经发生变化的生产关系本身中。这些手段也应当通过头脑从生产的现成物质事实中发现出来。

唯物史观认为，生产力与生产关系的矛盾运动，经济基础与上层建筑的矛盾运动，这两对矛盾是社会的基本矛盾。社会的基本矛盾推动社会发展与社会变革。其中生产力与生产关系的矛盾运动是最主要的矛盾。在这对矛盾运动中推动社会发展的最终决定力量是生产力。生产方式是生产力和生产关系的统一，交换是生产关系的一个方面。由此可见，生产关系与交换关系的变革是社会基本矛盾运动中的重要的基础性关系，它体现出在资本主义社会条件下的社会基本矛盾运动状况。恩格斯正是站在唯物史观的立场，对社会基本矛盾运动在资本主义特殊历史阶段的表现作出具体说明。

在封建社会末期，资本主义生产方式同封建制度的地方特权、等级特权等方面不相容，新的生产方式的萌芽使交换方式发生相应变化，这些矛盾推动社会发生变革。由此，资产阶级在封建制度的废墟上建立了崭新的资本主义制度。但是，伴随着资本主义大工业的迅猛发展，各种社会矛盾和冲突不断出现，社会化生产和资本主义占有的不相容性，也越加鲜明地表现出来。特别是无产阶级与资产阶级的矛盾，整个生产的无政府状态与单个企业生产的有组织性之间的矛盾愈演愈烈。这些矛盾和冲突是生产方式和交换方式的变更导致的，不是在人们的头脑中产生的，而是存在于事实中，存在于资本主义社会的生产实践中，它是不以人的意志为转移的，是客观存在的。它表明资本主义社会制度已经不再适合生产方式已发生的变化了，资本主义社会的生产关系已经不适合生产力的进一步发展了，资本主义社会已经走到社会变革的边缘。现代社会主义是这种实际冲突在思想上的反映，现代社会主义就是科学社会主义，科学社会主义是在社会基本矛盾推动下必然产生的，是在现实的社会生产和社会关系中产生的，是社会存在的反映。由此说明，生产方式和交换方式的变更是一切社会变革的终极原因。

（二）无产阶级与资产阶级的矛盾是资本主义社会基本矛盾的主要表现

资本主义社会基本矛盾是社会化生产和资本主义占有之间的矛盾。在资本主义社会中，伴随着生产力和资本主义大工业的发展，生产形式和规模愈来愈扩大，生产愈来愈社会化了。但是，在资本主义社会中占有形式仍然保持着私人占有的形式。社会化生产的产品是许多人共同劳动的结果，但是它却不归劳动者共同占有，而是归资本家私人占有。这样社会化大生产与资本家私人占有之间必然发生对抗性的矛盾，这是资本主义社会的基本矛盾。

恩格斯认为，资本主义社会的基本矛盾表现在阶级关系上，就是无产阶级和资产阶级的对立。因为生产资料社会化并集中到资本家手中，生产者成为受资本家剥削的雇佣工人。对于资本家来说，通过各种方式让工人进行生产，尽可能多地榨取工人创造的剩余价值，是资产阶级的目的，是资本主义生产的必然。对于工人阶级来说，他们为资本家进行生产，创造的产品和价值越多，他们受到的剥削和掠夺就越多。阶级利益和要求的对立，使得无产阶级与资产阶级的矛盾越来越尖锐化。可以说，只要资本主义社会基本矛盾不解决，无产阶级和资产阶级的矛盾就不会消失。

（三）无产阶级将取得国家政权，并且首先把生产资料变为国家财产

解决资本主义社会中生产力与生产关系的矛盾，只能是在事实上承认现代生产力的社会本性，就是使生产、占有和交换的方式同生产资料的社会性质相适应。生产力归国家所有不是冲突的解决，但是这里包含着解决冲突的形式上的手段，解决冲突的线索。资本主义的生产是社会化大生产，社会化大生产不能解决生产关系与生产力的矛盾，但是生产的社会化指出了解决冲突的方向和道路。资本主义生产方式已经无法驾驭资本主义社会化的大生产。这种生产力本身的日益增长要求消除这种矛盾，也就是要消除资本主义生产关系对生产力发展的束缚，建立与现代生产力发展要求相适应的以社会占有为基础的新的生产关系。社会占有生产力，这种社会性质就将为生产者完全自觉地运用，它能够消除造成资本主义生产混乱和周期性崩溃的原因，并且它可以变为生产本身的最有力的杠杆。

为了实现这一目标,无产阶级必须取得国家政权,并且首先把生产资料变为国家财产。无产阶级要取得国家政权,然后通过无产阶级国家对生产资料实行社会占有。国家以社会的名义占有生产资料,生产资料成为国家财产,成为社会公有。这从根本上改变了资本主义的占有形式。这种崭新的、以现代生产资料的本性为基础的产品占有方式由社会直接占有作为维持和扩大生产的资料,同时由个人直接占有作为生活资料和享受资料。

把生产资料变为国家财产,国家会逐渐消亡。生产资料变为国家财产,实行生产资料社会公有,这就消灭了作为无产阶级的自身,消灭了阶级差别和阶级对立,也消灭了国家。因为国家是阶级矛盾不可调和的产物,是阶级统治的暴力工具。当国家真正成为整个社会的代表时,它就成为多余的了。当不再有需要镇压社会阶级的时候,当阶级统治和个体生存斗争已被消除,就不再有什么需要镇压了,也就不再需要国家这种特殊的镇压力量了。那时,对人的统治将由对物的管理和对生产过程的领导所代替,国家将自行消亡。

社会生产力的充分发展是社会占有全部生产资料的前提和基础。由社会占有全部生产资料,在实际条件已经具备的时候，才能成为可能。这种占有之所以能够实现，并不是依人们的主观意志而转移的，而是要具备一定的新的经济条件。只要劳动还占去社会大多数成员的全部或几乎全部时间，这个社会就必然划分为阶级，但是阶级将被现代生产力的充分发展所消灭。因为阶级是以生产的不足为基础的，伴随生产的发展阶级将最终消灭。生产的发展、阶级的消亡使社会最终占有全部生产资料。

生产资料由社会占有，人才能够作为真正的人，真正实现人的自由和发展。生产资料由社会占有会消除生产的人为障碍，还会消除生产力和产品的浪费。这种占有还消除了统治阶级及其政治代表的穷奢极欲的挥霍，从而为全社会节省出大量的生产资料和产品。通过社会化生产，不仅可能保证社会成员有富足和充裕的物质生活，而且还可能保证他们的体力和智力获得充分自由的发展和运用。同时，社会占有了生产资料，商品生产就将被消除，而产品对生产者的统治也将随之消除。社会生产的无政府状态将为有计划的生产所代替。个体生存斗争停止了，这样，人在一定意义上最终脱离了动物界，从动物的生存条件进入真正人的生存条件。从这时起，人们完全自觉地自己创造自己的历史，实现人类从必然王国向自由王国的飞跃。

（四）在无产阶级革命道路问题上，暴力革命与和平方式的关系

无产阶级革命道路的问题有暴力与和平两种方式。其中暴力革命是主要的、基本的形式。这是因为："一切革命的根本问题是国家政权问题。"在资产阶级占统治地位的社会里，资产阶级掌握着国家政权以维护本阶级的利益，它是不会自愿让出政权的。在资产阶级的暴力镇压和统治下，无产阶级要维护自己阶级的利益，就不得不经过暴力革命。马克思说："暴力是每一个孕育着新社会的旧社会的助产婆。"对于以前的剥削制度的更替更是如此。

在《社会主义从空想到科学的发展》一书中，恩格斯指出："无产阶级革命，矛盾的解决：无产阶级将取得公共权力，并且利用这个权力把脱离资产阶级掌握的社会化生产资料变为公共财产。通过这个行动，无产阶级使生产资料摆脱了它们迄今具有的资本属性，使它们的社会性质有充分的自由得以实现。从此按照预定计划进行的社会生产就成为可能的了。生产的发展使不同社会阶级的继续存在成为时代错乱。随着社会生产的无政府状态的消失，国家的政治权威也

将消失。人终于成为自己的社会结合的主人，从而也就成为自然界的主人，成为自身的主人——自由的人。"这也说明了暴力革命是无产阶级革命的主要形式。

在强调暴力革命的同时，根据马克思的论述，也并不能完全排除和平过渡到社会主义的可能性。马克思曾经认为英、美有可能用和平方式实现社会主义，列宁也曾经在俄国二月革命后有过和平过渡的想法。但是，实践的发展正如列宁所说，马克思谈的是例外的情况，和平过渡是革命史上极为罕见的机会。时至今日还没有任何国家通过和平过渡实现社会主义的历史事实。尽管如此，也不能轻易否定这种和平过渡的革命方式，因为社会形态的更替是同一性和多样性的统一。当然，也不能因为时代情况发展变化了就轻易否定暴力革命的原则，让无产阶级放下武器，这在理论和实践上都是缺乏根据和有害的。各国人民采取什么形式，只能由该国的无产阶级政党和人民根据马克思主义基本原理和具体的国情作出判断和选择。

二、难点问题分析

（一）社会的生产

社会的生产是指社会化的生产。资本主义生产是社会化的生产，它是由小生产逐渐转化而成，资本主义生产的社会化主要表现在三个方面。

首先，社会化大生产是指生产资料的社会化。在资本主义生产方式出现以前存在着小生产，劳动资料归个人所有，只供个人使用。资本主义生产方式使个体的、分散的生产资料变为社会的、生产者共同使用的、社会化的生产资料。它经历了资本主义简单协作、工场手工业、机器大工业三个发展阶段，机器大工业是它发展的成熟形式。

其次，社会化大生产是指生产过程的社会化。在生产过程中，生产活动从原来的个人行为变成了一系列的具有社会性质的活动。资本主义工厂生产出来的每一样产品，都是许多人共同劳动的产物。

最后，社会化大生产是指产品的社会化。在资本主义社会中，产品从单个人的产品变成了具有社会性的产品。工厂生产出来的产品，不是供生产者自己使用的需要，而是通过交换，供全社会的需要。这些都显示了生产的社会性。伴随着资本主义的发展，资本家为了赚取更多的利润，会不断进行扩大再生产，生产的社会化程度会越来越高。当生产集中发展到一定程度，资本主义社会就会进入垄断阶段，生产的社会化程度就达到了前所未有的程度。这种高度社会化的生产为社会主义生产方式准备了必要的物质条件。

（二）资本主义占有

资本主义占有是指生产资料的资本家私人占有。在资本主义制度下，资本家占有生产资料和劳动产品，而劳动者则一无所有，只能靠出卖劳动力为生。资本家凭借对生产资料的占有，在等价交换原则的掩盖下，雇佣工人从事劳动，占有工人的剩余价值，这是资本主义所有制的实质。

资本主义所有制是由资本主义社会的经济关系决定的。在封建社会末期，小商品生产者展开激烈竞争并且逐渐两极分化，那些生产条件不好的作坊主同其帮工和学徒，由于在竞争中的破产而沦为雇佣工人。在资本原始积累的过程中，大量的个体生产者也被迫同自己的生产资料相分离，资本家掌握生产资料，失去了生产资料的个体劳动者变成了一无所有的资本主义企业的雇佣工人。

资本主义社会化生产要求整个社会生产有组织、有计划地进行，但是资本主义私有制却使生产只能在个别企业中有组织、有计划。整个社会生产却是无组织、无计划的，这种整个社会生产的无政府状态同个别企业生产的有组织性之间存在矛盾。

资本主义所有制是生产资料的资本主义私人占有制，这是资本主义生产关系的基础。它决定着资本主义社会人们之间的相互关系和地位，决定着产品如何分配。资本家占有生产资料，剥削工人的劳动，榨取剩余价值，追求超额利润。无产阶级经济地位日益下降，生活困窘，为了维护自己的利益，无产阶级不断起来反抗。资产阶级与无产阶级是资本主义社会的两大对抗阶级，他们的利益是根本对立的，他们之间的矛盾是不可调和的对抗性矛盾。

（三）国家消亡

恩格斯写道："当国家终于真正成为整个社会的代表时，它就使自己成为多余的了。"这里说的是国家的消亡。对这一问题的理解要从国家的起源及实质说起。国家不是从来就有的。在人类社会早期，人们结成氏族、部落、部落联盟共同生活，经历了几十万年的时间。那时候人们"日出而作，日入而息，凿井而饮，耕田而食"，"帝力于我何有哉"。没有国家，也不需要国家。伴随生产力的发展，人类社会开始出现剩余产品，贫富分化，出现了剥削、私有制、奴隶，社会矛盾逐渐发展到不可调和的地步，这时就出现了凌驾于社会之上的力量，军队、警察、法庭、监狱等暴力机构，用以缓和冲突、控制局面，国家就出现了。国家是阶级矛盾不可调和的产物。可以看出，国家的实质，就是一个阶级统治另一个阶级的暴力工具。它最大的特点就是阶级性。国家是为统治阶级服务的，国家也不是永远存在的，它必将随着阶级的消亡而消亡。

资本主义的生产方式造就了庞大的无产阶级，为了反抗资产阶级的统治，无产阶级成为一种推翻资产阶级统治的革命力量。无产阶级将取得国家政权，把生产资料变为国有。"它就消灭了作为无产阶级的自身，消灭了一切阶级差别和阶级对立，也消灭了作为国家的国家。""当不再有需要加以镇压的社会阶级的时候，当阶级统治和根源于至今的生产无政府状态的个体生存斗争已被消除，而由此二者产生的冲突和极端行动也随着被消除了的时候，就不再有什么需要镇压了，也就不再需要国家这种特殊的镇压力量了。"经过无产阶级专政这种过渡形态，伴随着阶级的消亡，国家真正成为社会的代表，国家与社会完全统一之日，也就是国家消亡之时。国家消亡是一个漫长的历史过程。"那时，国家政权对社会关系的干预在各个领域中将先后成为多余的事情而自行停止下来。那时，对人的统治将由对物的管理和对生产过程的领导所代替。国家不是'被废除'的，它是自行消亡的。"

（四）必然王国与自由王国

人类的历史是一个不断地从必然王国向自由王国发展的历史。所谓必然王国，就是指人们对社会和自然界的必然性尚未认识和掌握，因而人的活动和行为不得不受这种盲目力量的支配和奴役的状态。必然王国是指人们对自然力量和社会力量的无能为力的状态，即对自然规律的无知，因而受自然规律的束缚；同时由于对社会规律一无所知以及私有制的狭隘性，人们又受自己创造的社会力量的束缚。

所谓自由王国，就是指人们认识和掌握了社会历史和大自然的必然性和规律，使自己成了自然界和社会的主人，从自然界和社会领域的盲目力量的支配和奴役下解放出来，从而能自觉地创造自己历史的这样一种状态。自由王国是指人们摆脱了盲目必然性的奴役，成为自然界从而也成为自己社会关系主人的一种状态。

在认识论上，必然王国指人在认识和实践活动中，对客观事物及其规律还没有真正认识而不能自觉地支配自己和外部世界；自由王国指人在认识和实践活动中，认识了客观事物及其规律并自觉依照这一认识来支配自己和外部世界。

在社会历史中，必然王国指人受盲目必然性支配，特别是受自己所创造的社会关系的奴役和支配的社会状态；自由王国指人自己成为自然界和社会的主人，摆脱了盲目性，能自觉创造自己历史的社会状态。人类的认识史和社会史，就是从必然王国向自由王国发展的历史。必然王国向自由王国的发展是一个无限的过程。

自由是对必然的认识和支配，一旦人们对客观的社会和自然的必然性有了正确的认识，并能支配它，使其服务于人类自觉的目的的时候，也就从必然王国进入自由王国。任何一个客观规律一经被认识和利用，就是实现了一个从必然王国到自由王国的飞跃。

恩格斯指出："人们自己的社会行动的规律，这些一直作为异己的、支配着人们的自然规律而同人们相对立的规律，那时就将被人们熟练地运用，因而将听从人们的支配。人们自身的社会结合一直是作为自然界和历史强加于他们的东西而同他们相对立的，现在则变成他们自己的自由行动了。至今一直统治着历史的客观的异己的力量，现在处于人们自己的控制之下了。只是从这时起,人们才完全自觉地自己创造自己的历史;只是从这时起,由人们使之起作用的社会原因才大部分并且越来越多地达到他们所预期的结果。这是人类从必然王国进入自由王国的飞跃。"

恩格斯所说的"必然王国"就是指人被物的社会关系所支配即人被物支配的社会状态,而"自由王国"则是指人支配自己的社会关系即人支配物的社会状态,所谓"人类从必然王国进入自由王国的飞跃",就是由一种社会状态向另一种全新的、合理的社会状态的飞跃。恩格斯指的是盲目的社会关系的必然性,是一种历史的必然性。实现从必然王国向自由王国的飞跃,就是要改变人受盲目社会关系必然性的支配,人反过来驾驭这种必然性。要实现这一转变,单是依靠认识是不够的,这还需要对生产方式以及和生产方式连在一起的整个社会制度的变革。

(五)以科学的态度认识未来的理想社会

有些人认为:"在对未来社会的美好预想中,科学社会主义与空想社会主义对未来美好社会的设想有相似之处,甚至因此认为科学社会主义在今天仍然是一种空想。"这种观点是不对的。它不利于人们坚定共产主义理想和信仰,不利于今天建设有中国特色的社会主义实践活动。的确，空想社会主义和科学社会主义在对未来理想社会的问题上有些相似之处，但是它们是有着本质区别的。关于未来社会的基本特征的论断只是表面的呈现，并不是最重要的，看问题只有看到理论本质才是最重要的。科学社会主义与空想社会主义的真正区别更多的不在于表面文字上的描述，论述这种预见的立场、方法及其科学态度才是最重要的。

展望未来，预见社会的发展是非常困难的。没有正确的立场、观点、方法及科学态度就不会有科学预见。这正是科学社会主义与空想社会主义的根本区别。科学社会主义的预见之所以被称之为科学，主要表现在三个方面。

其一，在规律基础上预测未来。科学社会主义是建立在科学理论基础之上的。它对未来社会的展望，是立足于对社会规律的探求的，是以历史规律为依据的，是在解释人类社会发展规律的基础上，指明社会发展方向的，绝不是仅仅建立在头脑中的理性基础之上的空想。他们把社会历史观建立在唯物主义基础之上，建立在对人类社会实践的实事求是和具体的分析和研究之中。科学的理论基础及论证是其科学性的坚固基石。

其二，在剖析旧社会中发现新社会。科学社会主义对未来社会的预测，是在剖析人类社会历史中的特殊社会形态——资本主义社会的过程中作出的。马克思、恩格斯在对社会历史进行研究时明确意识到，不应该到哲学家们的书桌中去寻找一切谜底，而应该首先致力于对资本主义社会现实中，对资本主义社会的研究和批判。马克思曾经明确指出："新思潮的优点又恰恰在于我们不想教条地预期未来，而只是想通过批判旧世界发现新世界。"剩余价值学说是马克思对资本主义社会进行剖析和批判的重要理论成果，是在批判旧世界、发现新世界过程中的重要理论发现，是科学社会主义形成的理论基石之一。所以说，科学社会主义正是在批判旧世界的过程中发现新世界的。

其三，只讲一般特征，不作细节描绘。马克思、恩格斯认为，预见未来社会的发展，只能揭示未来社会的一般特征，而不能像空想社会主义者那样作细节的描绘。具体的情形只能用当时具体的情况来说明，预见未来主要是指出未来社会的发展方向和基本特征，应该把细节留给未来。他们认为对未来社会描绘得越详细就越容易陷入空想。

未来的共产主义社会是我们向往的理想社会，我们应该把它作为前进的动力和方向，作为社会主义发展的指路明灯，脚踏实地地建设具有中国特色的社会主义社会，把理论和实际结合起来，在努力实践中实现未来的美好理想，这才是马克思主义的实践立场的真正表现，这才是对待未来理想社会的科学态度。

第三节　相关链接

一、马克思关于"无产阶级"的论述

无产阶级，源于拉丁语，在古罗马，它表示除子女外一无所有的阶级。虽然在英语中proletariat这一术语早在1663年就已出现，但它的现代含义却是马克思首次确定的。无产阶级是从早期资本主义国家不占有生产资料的劳动者阶级抽象而来的，如当时的工人阶级等。被压迫的无产阶级是一个国际性的阶级，因为无论在哪个国家无产阶级都具有同样的利益。由于无产阶级的人数众多、组织性和战斗性强，经典马克思主义思想家认为它是真正的革命阶级，肩负着使人类进入理想社会的历史使命。

马克思、恩格斯合著的《神圣家族》中对无产阶级有过论述。他们指出："无产阶级和富有是两个对立面。它们作为这样的对立面，构成一个整体。它们是私有制世界的两种产物。"马克思认为，在私有制条件下，富有的对立面是无产阶级的存在。无产阶级要消灭自身，就要消灭私有制。有产阶级和无产阶级都是人的自我异化。富有阶级在这种自我异化中感到自己是满足和稳固的，并在这种异化中获得合乎人性的生存的外观。而无产阶级在这种异化中则感到自己是被毁灭的，并在这种异化中看到自己的无能为力和违反人性的生存的现实。

"这个阶级，用黑格尔的话来说，就是在被唾弃的状况下对这种状况的愤慨，这个阶级之所以必然表现出这种愤慨，是由于它的人的本性和它那种公开地、断然地、全面地否定这种本性的生活状况相矛盾。"由此可见，私有者是保守的方面，无产者是破坏的方面。前者产生保持这一对立的行动，后者产生消灭这一对立的行动。这样，私有制在自己的经济运动中自己把自己推向灭亡。到那时候，无产阶级本身以及制约着它的对立面——私有制都将同归于尽。

在资本主义社会中的无产阶级身上实际上已经丧失了自

己本身，而且愤怒地反对这种违反人性的现象，所以，无产阶级能够而且必须自己解放自己。但是，如果它不消灭它本身的生活条件，它就不能解放自己。问题不在于某个无产者甚至整个无产阶级把什么看作自己的目的，"问题在于究竟什么是无产阶级，究竟无产阶级根据它本身的这种存在而不得不在历史上做些什么。它的目的和它的历史行动已经由它本身的生活状况以及现代资产阶级社会的整个结构最明显地无可辩驳地预示出来了"。

二、经济危机

资本主义经济危机是生产过剩的危机，这种过剩不是生产的绝对过剩，而是相对过剩，即相对于劳动人民有支付能力的需求不足的过剩。经济危机发生时，社会商品大量积压，大批生产企业减产或者停产，许多金融机构倒闭，大量工人失业，整个社会经济生活一片混乱。资本主义经济危机的实质是生产相对过剩的危机。

资本主义的基本矛盾是经济危机爆发的根源。生产的社会化和生产资料资本主义私人占有之间的矛盾是资本主义的基本矛盾。这一矛盾有两个具体表现：一是个别企业内部生产的有组织性和整个社会生产的无政府状态之间的矛盾,二是资本主义生产无限扩大的趋势同劳动人民有支付能力的需求相对缩小之间的矛盾。它们的激化导致资本主义经济危机的爆发。正如马克思所指出的:"一切现实的危机的最后原因,总是群众的贫穷和他们的消费受到限制,而与此相对比的是,资本主义生产竭力发展生产力,好像只有社会的绝对的消费能力才是生产力发展的界限。"

资本主义经济危机具有周期性,这是由资本主义基本矛盾运动的阶段性决定的。当资本主义基本矛盾尖锐化时,社会生产严重失调,引发经济危机。经济危机的爆发,使企业纷纷倒闭,生产大大下降,从而使供求矛盾得到一定缓解,逐步渡过经济危机。但是,只要资本主义的基本矛盾没有消除,危机就只能暂时得到缓解,而不能得到根除。随着资本主义经济的恢复和高涨,资本主义矛盾又重新激化,必然再次导致新的经济危机的爆发。只要存在资本主义制度,资本主义基本矛盾就不可能消除,资本主义社会的经济危机就不能避免,总要周期性爆发。

伴随着资本主义经济危机的周期性爆发,资本主义再生产过程也呈现出周期性特征,从一次危机开始到下一次危机爆发，就是资本主义社会再生产的一个周期。它包括危机、萧条、复苏、高涨四个阶段。这四个阶段是相互联系的，其中危机阶段是周期的基本阶段。有时资本主义的再生产不一定都经过这四个阶段，但是危机阶段是必经阶段，没有危机阶段就不存在资本主义再生产的周期性。

1929—1933年的经济危机是资本主义世界爆发的空前的大危机。1924—1929年，资本主义世界曾经经历了短暂的经济繁荣。但是，1929年，经济危机首先在美国爆发，随即席卷整个资本主义世界，形成了前所未有的、持续最久的世界经济大危机。

大危机的爆发有着深刻的社会经济根源。资本主义国家在第一次世界大战后经历了短暂的经济危机，从1924年起进入了相对稳定时期。1925年欧洲工业产量恢复到1913年水平并继续快速增长。但是，这一时期已潜伏着许多矛盾。由于生产社会化与生产资料私人所有制之间的矛盾，加剧了贫富差距。例如美国，到1929年，占人口5%的富人的收入几乎占了全部收入的1/3，而全年收入大约在2000美元左右的贫困户占家庭总数的60%。这就大大限制了社会购买力。工业部门的开工也严重不足，大批工人失业。1921—1929年，美国失业者平均每年都在220万人以上。英国失业率在最低的1927年也达9.7%，而瑞典则从未低于10%。失业的存在也必然降低社会购买力。与此同时，国际市场上滞销的农产品、初级工业产品，如小麦、糖、咖啡、橡胶、铜等越积越多。伴随着20年代的繁荣出现的地产和股票投机狂热更增加了金融市场的不稳定性。1928年8月底美国股票市场的平均价格相当于5年前的4倍。这种空前猖獗的金融投机活动为货币和信贷系统的崩溃准备了条件。自1924年执行道威斯计划起，德国从美国得到大笔借款，德国以此向其他国家支付战争赔款。这种对美国过度的依赖，成为德国经济不稳固的主要原因。同时，也使得国际金融关系中潜伏的危机为表面上似乎牢固的信贷关系的假象所掩盖。正是在上述种种矛盾的综合作用下，世界经济大危机不可避免地爆发了。

1929年10月24日，纽约证券交易所股票价格雪崩似的跌落，人们疯狂地甩卖股票，整个交易所大厅里回荡着绝望的叫喊声。这一天成为可怕的"黑色星期四"，并触发了美国经济危机。然而，这仅仅是灾难的开始。29日，交易所股价再度狂跌。一天之内1600多万股票被抛售，50种主要股票的平均价格下跌了近40%。一夜之间，"繁荣"景象化为乌有，全面的金融危机接踵而至。大批银行倒闭，企业破产，市场萧条，生产锐减；失业人数激增，人民生活水平骤降；农产品价格下跌，很多人濒临破产。整个社会经济生活陷于混乱。美国历史上的"大萧条"时期到来了。

危机很快蔓延到资本主义世界的其他国家。1933年，整个资本主义世界工业生产下降40%，各国工业产量倒退到19世纪末的水平，资本主义世界贸易总额减少2/3，美、德、法、英共有29万家企业破产。资本主义世界失业工人达到3000多万，美国失业人口1700多万，几百万小农破产，无业人口颠沛流离。经济危机给资本主义各国的政局带来动荡，也使资本主义国家之间的矛盾激化，导致一连串的关税战、倾销战和货币战，加剧了世界局势的紧张。这场大危机影响范围特别广，影响到整个资本主义世界及各生产部门；时间特别长，从1929—1933年，前后共5个年头；破坏性特别大，整个资本主义世界生产下降了1/3以上，贸易总额缩减了2/3。

经济危机冲击了美国的资本主义制度。1933年，富兰克林·罗斯福就任美国总统后，立即以"新政"救治经济危机，并呼吁美国人民支持他的"大胆实验"。"新政"大胆借鉴社会主义的长处，用改革的方法暂时摆脱了资本主义危机，避免了法西斯上台。其主要内容有：整顿金融业，恢复银行信用，贬值美元，刺激出口；恢复工业，强化国家对工业生产的调节和控制，防止盲目竞争引起生产过剩；调整农业，压缩农业产量，稳定农产品价格，维护农业生产；兴办公共工程，减少失业，扩大消费需求；进行社会救济，稳定社会秩序。《全国工业复兴法》是整个新政的核心和基础。该法规定了各企业的生产规模、价格水平、市场分配、工资水平和工作日时数，规定工人具有集体谈判的权利，规定了资本家必须接受的最高工作时数和应付工资额。为保证《全国工业复兴法》的实施，政府以印第安人崇拜的神鸟蓝鹰为标记，发动了"人尽其职"的"蓝鹰运动"，凡遵守该法的企业悬挂蓝鹰标志。几周后，有25万雇主与政府签署了法规，他们给自己的产品标上蓝鹰，以示守法。《时代周刊》在每期封面上也印上了蓝鹰。

"新政"使美国经济逐渐回升，失业人数开始下降。资本主义国家对经济的宏观调控得到加强。美国联邦政府的权力明显增强，资本主义制度得到调整、巩固与发展。"新政"取得了很好的效果，使美国渡过了危机。"新政"是美国资本主义世界的一次自我调节，开创了资产阶级政府大规模干预经济生活的先河,进一步提高了美国国家资本主义的垄断程度,是资本主义发展史上的一个里程碑。"新政"在美国和世界资本主义发展史上具有重要意义。但是,"新政"并没有彻底消除资本主义的固有矛盾,经济危机的根源仍然存在。

三、垄断

"垄断"一词源于孟子"必求垄断而登之,以左右望而网市利"。原指站在市集的高地上操纵贸易,后来泛指把持和独占。在资本主义经济里,垄断指少数资本主义大企业为了获得高额利润,通过相互协议或联合,对一个或几个部门商品的生产、销售和价格进行操纵和控制。

垄断是从资本主义的自由竞争中成长起来的。在自由竞争的资本主义阶段,企业为了攫取更多的剩余价值,必然会采取先进的生产技术和科学的管理方法,实行生产的专业化和协作,提高劳动生产率。在激烈的竞争中,大企业凭借自己在经济上的优势,不断排挤和吞并中小企业,使生产资料、劳动力和劳动产品的生产日益集中于自己手中。当生产集中发展到相当高的程度,极少数企业就会联合起来,操纵和控制本部门的生产和销售，实行垄断以获得高额利润。同时，少数大企业之间为了避免在竞争中两败俱伤，保证彼此都有利可图，也会谋求暂时的妥协，达成一定的协议，联合起来，实行垄断。企业规模巨大，形成对竞争的限制，也会产生垄断。19世纪末20世纪初，垄断已成为资本主义全部经济生活的基础。垄断组织的形式主要有卡特尔、托拉斯、辛迪加、康采恩。

垄断没有消除竞争，而是凌驾于自由竞争之上与之并存。在垄断统治下，不但自由竞争在一定范围内即在各非垄断企业之间仍然存在，而且垄断本身还必然产生出新的更为激烈的竞争。在各垄断组织之间，垄断组织内部各参加者之间以及垄断组织同非垄断企业之间，都存在着尖锐复杂的竞争。在垄断组织内部，资本家为了争夺有利的销售市场，占有更大的产销份额，争夺对垄断组织的控制权，必然引起竞争；各个垄断组织之间，彼此为了巩固自己的经济地位，争夺销售市场、原料来源和投资场所，也存在着激烈的竞争。同时，垄断组织总想控制、排挤和扼杀其他企业，其他企业为了自己的生存，也要同垄断组织斗争，它们相互之间都存在着竞争的关系。垄断组织只有不断地在竞争中取得胜利，才能维持和巩固自己的地位。反过来，竞争也继续产生出新的垄断组织，加强垄断资本的实力，扩大垄断统治的范围。垄断与各类竞争同时存在，因而会产生许多特别激烈的矛盾、摩擦和冲突，使资本主义固有矛盾进一步激化。

垄断本身在各方面都是不断发展的。从垄断统治的范围看，在20世纪初期，垄断组织主要存在于煤炭、钢铁、石油等重工业部门，今天垄断统治的范围已经扩展到轻工业、交通运输业、商业、农业以至各种服务性行业等领域。从垄断的程度看，垄断企业本身的规模不断扩大，一系列重要工业部门愈益被少数几家甚至一家最大垄断企业所控制。从垄断统治的形式看，由于垄断企业采取多样化经营方式，特别是在第二次世界大战后，更加广泛地采取了混合多样化，即把许多相互之间并没有什么联系的行业联合在一起的经营方式，使愈来愈多的大垄断企业变成了混合联合企业。这就更加扩大了少数大垄断企业直接控制和影响的范围，加强了它们在社会经济生活中的统治地位。战后跨国公司日益成为国际垄断的主要形式，也是垄断资本国际统治形式的一个新发展。垄断的发展，既使资本主义生产走向全面的社会化，又进一步加深了资本主义的基本矛盾，这就为从资本主义向更高级的社会主义制度过渡准备了物质条件并提供了强大动力。

垄断在一定程度上影响社会的进步及发展。首先，垄断破坏人类进步与生存的竞争机制。垄断与竞争天生是一对矛盾，由于缺乏有力的外部制约监督机制，垄断性行业的服务质量往往难以令人满意，经常会违背市场法则，侵犯消费者公平交易权和选择权。

其次，价格垄断抬高整个社会成本。垄断性行业一般都是与绝大多数人、行业息息相关的公共事业，例如电信、邮政、自来水、电力、煤气、铁路、航空等。这些行业渗透到社会的方方面面，其服务价格的高低关系到整个社会的成本。这些行业的整体效率也直接关系到其他产业参与国际竞争的能力。垄断组织通过行政性、强制性手段维持高于合理水平的价格，人为压抑公众的消费需求。垄断的利润是极其可观的，独家垄断造成的社会成本是极其巨大的。

再次，行业垄断导致有效投资不足。一方面，垄断企业能通过垄断获得超额利润，从而妨碍了效率的提高，妨碍了其扩大业务规模的积极性。另外垄断组织为维护自己的垄断地位，总是力图阻止其他社会资金进入该行业，虽然总有资金为利润引诱，通过各种方式"违规"进入，但规模总是有限的。垄断导致低效，成为极大的浪费，也极大地挫伤了资本的投资热情，这样就造成所谓的"资本罢工"，强化了投资市场低迷。

最后，行业垄断滋生腐败毒瘤。行业垄断对市场公平竞争的危害性更大，特别是少数腐败分子利用具有公共事务管理的权力限制竞争行为，实行行政垄断，会进一步影响经济发展，使政府信用遭到损害。腐败的重要表现之一就是由垄断造成大量的资金流失。垄断把消费者收益转给垄断生产者，创造出超额利润，造成社会福利损失。

四、主要的垄断形式

卡特尔，源自法语，原意是"协定"或"同盟"，卡特尔是垄断组织的一种重要形式，指生产同类商品的企业，为了获取高额利润，在划分销售市场、规定商品产量、确定商品价格等方面达成协议而形成的一种垄断联合。1865年最早产生于德国，第一次世界大战后在世界各资本主义国家迅速发展。垄断资本的国际化产生了国际卡特尔。参加卡特尔的企业在生产上、贸易上、财务上和法律上都保持各自的独立性。因此，卡特尔这种垄断联合并不稳固。但如果违背共同协议的规定，也会受到罚款、撤销享受的特权等处罚。卡特尔的垄断联合由于缺乏稳定性和持久性，经常需要重新签订协议，甚至会因成员企业在争取销售市场和扩大产销限额的竞争中违反协议而瓦解。德国曾是卡特尔最为盛行的国家。卡特尔主要是在销售领域。

辛迪加，原义是"组合"、"联合"，是垄断组织的一种重要形式。指同一生产部门的少数大企业为了获取高额利润，通过签订共同销售产品和采购原料的协定而建立的垄断组织。参加辛迪加的企业在生产上、法律上保持独立，但在商业上失去了自主性。它们通过签订统一销售商品和采购原料的协定以获取垄断利润而建立垄断组织。其内部各企业间存在着争夺销售份额的竞争。辛迪加较卡特尔牢固，在各参加者不能与市场发生直接联系的情况下，它们要想随意脱离辛迪加很困难。如果某一成员想要退出，必须重新建立购销机构和重新安排与市场的联系，也需要花费大量资金，而且要受到辛迪加的阻挠和排挤。辛迪加主要是在采购与销售领域。

托拉斯，来自英语的音译，直译为商业信托，原意为托管财产所有权，是较高级的垄断组织形式，由许多生产同类商品或有密切关系的企业合并组成。按其组成的方式不同，可分为各种类型。如以金融控制为基础的托拉斯、以企业合并为基础的托拉斯等。参加托拉斯的企业在生产上、商业上和法律上都丧失独立性。托拉斯的董事会统一经营全部的生产、销售和财务活动，领导权掌握在最大的资本家手中，原企业主成为股东，按其股份取得红利。参加的资本家为分配利润和争夺领导权进行剧烈的竞争。托拉斯在美国最为普遍。托拉斯的作用覆盖整个采购、生产、销售，它可以说就是一个大的垄断的企业。

康采恩（来自德语Konzern），原义为相关利益共同体、多种企业集团等含义。这是一种非常复杂的垄断组织形式。它指分属于不同经济部门的许多企业联合在一起，如包括工业企业、贸易公司、银行、运输公司和保险公司等，以其中实力最为雄厚的垄断企业为核心组成的多种企业集团。康采恩通常以金融控制为基础，其核心可以是大银行，也可以是大工业企业。其产生的时间晚于卡特尔、辛迪加和托拉斯。康采恩中的各个成员企业仍保持法律上的独立性，不失其法人资格，处于核心地位的大企业或大银行作为持股公司，通过收买股票、参加董事会和控制各成员企业的财务，将参加康采恩的其他成员企业置于其控制之下。其目的在于增强其经济优势，垄断销售市场，争夺原料产地和投资场所，获取高额垄断利润。

五、共产主义社会的基本特征

"共产主义"一词来自拉丁语。19世纪30—40年代，法国的布朗基、卡贝、德扎米等人开始使用"共产主义"一词来表达他们对未来社会的设想。他们把傅立叶、欧文等人的主张称作"空想社会主义"，把他们自己的主张称作"共产主义"。在马克思和恩格斯的著作中，"共产主义"和"社会主义"这两个词一般是作为同义词使用的，他们讲的科学社会主义就是科学共产主义。在《共产党宣言》中，马克思和恩格斯称自己的主张为共产主义，而不用社会主义，是因为当时在欧洲，社会主义是资产阶级的运动，而共产主义则是工人阶级的运动。

在马克思主义著作中，"共产主义"一词的含义是多种多样的，要在不同的语境下具体分析它的含义。共产主义是一种理论、一种运动、一种社会制度，更是一种理想和信仰。它作为无产阶级的思想体系和理论，是指马克思主义理论；作为社会制度，它是指取代资本主义社会的共产主义社会；作为运动,它是指人类在追求共产主义理想过程中的不断努力的社会实践活动,这种实践活动是奔向共产主义理想社会的必经阶段,是共产主义运动的组成部分;作为理想和信仰,是指全世界无产阶级斗争的最高目标即共产主义的理想和信仰。

自从马克思、恩格斯创立了共产主义学说以来,科学共产主义照亮了人类争取解放的道路。全世界无产阶级在马克思主义指导下,为实现共产主义的伟大理想,已经进行了一百多年的艰苦斗争。马克思认为共产主义有第一阶段和最高阶段。列宁把共产主义的第一阶段称之为社会主义阶段,这一阶段也包括许多不同发展阶段。

根据经典作家的论述,共产主义社会有以下基本特征:

(一)社会生产力高度发展,物质财富极大丰富

在共产主义社会里,由于生产力的极大发展和劳动生产率的提高,物质财富和社会产品极大丰富,可以满足整个社会及其成员的需要,劳动生产率将空前提高。在共产主义社会,科学技术极其发达,人们认识及改造自然的能力会超过已往任何时代。各个物质生产部门广泛采用现代化科学技术,并实现电气化、自动化,广泛利用现代信息。社会成员共同占有全部生产资料。在共产主义社会里,生产资料的占

有关系彻底摆脱了私有制的束缚。在共产主义社会，生产资料和劳动产品归全社会公有，劳动者本身既是劳动者，又是生产资料的共同占有者。个人消费品的分配方式是实行"各尽所能，按需分配"的原则。"各尽所能，按需分配"的分配形式将最终实现人类在分配上的真正的平等。

（二）社会关系高度和谐，人们精神境界极大提高

在共产主义社会，阶级将会消亡。在共产主义社会里，由于生产力的高度发展，产生剥削阶级的社会条件不复存在，阶级和阶级差别都将消灭，城乡之间、工农之间、脑力劳动与体力劳动之间的差别也将消失。

到共产主义社会，国家将会消亡。随着阶级和阶级差别的彻底消灭，作为阶级统治工具的国家将完全消亡。作为阶级压迫工具的军队、警察、监狱等将失去作用。随着国家的消亡，人类第一次作为统一的社会而存在和发展，民族和国家的历史发展为统一的世界历史。当然，国家的消亡是指政治国家的消亡，使之作为阶级统治的暴力机器的消亡。那时，国家的管理职能仍然存在。管理公共事务的机构依然存在，但它的社会职能已经失去其阶级性质。

在共产主义社会，战争也不复存在。人类历史上几千年来，消灭战争、实现和平的生活始终是人们向往的目标。但是由于阶级和阶级利益的不同，国家间的斗争一直存在。只有到了共产主义社会，随着阶级和阶级差别的消亡，不同利益集团的对抗也将消失，政治、经济文化的斗争将不复存在，战争现象将会随之消失，人们将过上和平的幸福生活。大量的社会资源将从军事活动中解放出来，造福于全社会。

在共产主义社会，实现了人与自然的和谐。在共产主义社会，物质生产不再不顾人的实际需要而盲目扩张，人们征服自然的能力提高，自然资源可以得到充分的合理的利用，生态环境会处于良好的平衡状态。人类将成为真正的自然界的主人。人类文明与自然环境之间将达到动态平衡与和谐。同时，在共产主义社会，也实现了人与人的社会和谐。由于阶级、国家的消亡和三大差别的消除，社会关系实现高度和谐，人们的精神境界得到极大提高。人们会有很高的道德和觉悟，为社会公共事业做出贡献。

（三）每个人自由而全面地发展，人类从必然王国向自由王国飞跃

实现人的自由而全面的发展，是马克思主义追求的根本价值目标，也是共产主义社会的根本特征。在共产主义社会，社会发展与个人发展实现了统一,社会发展不再以牺牲某些个人的发展为代价。在共产主义社会里,劳动已经不是谋生的手段,而是人们生活的第一需要。劳动者都具有高度的科学知识、广泛的专业知识和高尚的道德品质,在体力、智力等方面得到自由而全面的发展,人们能够根据社会需要和自己的爱好,自由选择他们从事的事业,充分发挥其才能,成为共产主义新人。社会分工本身虽然不会消亡,但把人终身束缚于某一种职业的旧式的分工不会存在了。共产主义社会实现了人类解放的愿望,那时人类将最终从支配他们生活和命运的异己力量中解放出来,实现从必然王国向自由王国的飞跃。

第四节 理论意义与现实意义

一、关于从必然王国向自由王国的飞跃的意义

恩格斯把必然王国和自由王国理解为社会历史范畴,从必然王国向自由王国的飞跃是从一种社会状态向另一种社会状态的飞跃。在社会实践中,这一思想对于人们追求自由也具有十分重要的意义。人们在追求自由的过程中,由于人的

主观能动性的发挥，自由的范围和程度总是在不断地扩大和加深，从必然向自由的飞跃势必成为生产、生活中的飞跃现象。当人们通过实践获得了对某一事物的规律性的认识，并在实践中按照这种规律性的认识取得预期的结果，就是实现了一次从必然向自由的飞跃。人的生命是有限的，但是对自由的追求是无止境的。人总是在有限的生命中去追求无限的自由。人与人所建立的社会正是在这种有限与无限相互转换的努力与希望中生存、发展和进步。

在社会实践中，自由是相对的，而不是绝对的。自由的程度、水平及其实现程度是受到一定限制的。没有限制也就无所谓自由。自由是伴随生产力的发展，社会文明进步，人类认识能力的深入，而逐步提高的。在必然王国里，对自由的追求是无止境的，但是对自由的实现却应该是脚踏实地的。从必然王国向自由王国的飞跃是一个漫长的、充满希望的，但却是需要努力耕耘的创造过程。

二、《社会主义从空想到科学的发展》的意义

恩格斯的这部著作是马克思主义大众化的典范。首先，这是一部注重普及意义的论战性著作。这部著作具有深邃的

思想性，对马克思主义理论进行了积极的阐述。但是，它与其他论战性著作不同的是，它更加注重大众化的宣传与普及。因为，要想使工人阶级通过这样一部著作理解掌握马克思主义，就要用较为通俗的语言来完成对工人阶级和群众的宣传。这部著作是对《反杜林论》中有关内容的改写，它较之《反杜林论》更为通俗易懂，被马克思称为"科学社会主义的入门"。

其次，这是一部借助辩证思维方式传播与发展大众化的科学社会主义的著作。恩格斯指出，传播与发展科学社会主义要借助辩证法才得以可能。恩格斯在序言中强调了辩证法在科学社会主义理论形成中的作用。他写道："科学社会主义本质上就是德国的产物，而且也只能产生在古典哲学还生气勃勃地保存着自觉的辩证法传统的国家，即在德国。唯物主义历史观及其在现代的无产阶级和资产阶级之间的阶级斗争上的特别应用，只有借助于辩证法才有可能。"辩证法是德国古典哲学的产物，虽然其经历了发展上的曲折，但是它所提供的从联系、发展和运动的角度看待事物的方法却具有很大的合理性，也具有一定的群众基础。恩格斯觉得有必要对辩证的思维方式进行科学的改造，将辩证法建立在唯物主义基础之上。在科学的、辩证的思维方式基础上才能更好地传播、普及科学社会主义理论。只有运用合适的思维方式，才能将理论推进到现实，才能将理论深入到广大人民心中。理论只有说服人，才能掌握群众。科学的理论还要有科学的思维方式才能被掌握。

再次，这是一部恢复唯物主义权威来传播与发展大众化的科学社会主义的著作。恩格斯分析了资产阶级怎样从革命阶级走向反动阶级，揭示了唯物主义与宗教、历史唯心主义与历史唯物主义的斗争的实质和历史过程，教育无产阶级要用唯物史观和科学社会主义思想来武装自己，去推翻资本主义制度。他还指出，科学社会主义正在被越来越多的人所接受，欧洲工人阶级的胜利，不仅仅取决于英国，至少需要英、法、德三国的共同努力，才能保证胜利。把社会主义建立在科学的唯物主义基础之上，建立在工人阶级的革命实践基础之上，也是对科学社会主义理论的大众化发展。

最后，这部著作的无产阶级性质及其对科学社会主义核心观点的说明，有利于科学社会主义的大众化传播。这部著作文字虽然不多，但是重要思想观点鲜明，论述具有逻辑性，简明扼要，是恩格斯核心观点的表述。恩格斯着重论述了科学社会主义的思想来源、理论基石、基本内容以及对理想社会的美好预言。同时，这部著作的无产阶级性质，也是推广其核心理论内容的最好立场。恩格斯在本书最后指出："完成这一解放世界的事业，是现代无产阶级的历史使命。深入考察这一事业的历史条件以及这一事业的性质本身，从而使负有使命完成这一事业的今天受压迫的阶级认识到自己的行动的条件和性质，这就是无产阶级运动的理论表现即科学社会主义的任务。"他指出了科学社会主义理论的无产阶级性质、任务和使命，最终要实现无产阶级即全人类的解放。这些都有利于无产阶级理论的大众化发展。

参考文献

[1]马克思,恩格斯.马克思恩格斯全集(第二十五卷)[M].北京:人民出版社,2001.

[2]马克思,恩格斯.马克思恩格斯全集(第四十四卷)[M].北京:人民出版社,2001.

[3]马克思,恩格斯.马克思恩格斯选集(第三卷)[M].北京:人民出版社,1995.

[4]列宁.列宁选集(第三卷)[M].北京:人民出版社,1995.

[5]马克思,恩格斯.神圣家族(单行本)[M].北京:人民出版社,1958.

[6]列宁.哲学笔记(单行本)[M].北京:人民出版社,1993.

[7]陆建猷等.马克思主义文献解读[M].北京:中国社会科

学出版社，2008.

[8]中央编译局马列部与教育部社政司编.马克思主义经典著作选读[M].北京：人民出版社，1999.

[9]本书编写组.马克思主义基本原理概论（2010年修订版）[M].北京：高等教育出版社，2010.

[10]逄锦聚.《马克思主义基本原理概论》教师参考书[M].北京：高等教育出版社，2007.

[11]赵光辉等.现代西方哲学概要[M].长春：吉林大学出版社，1991.

[12]刘延勃等.哲学辞典[M].长春：吉林人民出版社，1985.

[13]段瑞华.论社会主义从空想到科学发展过程的两次飞跃[J].南昌大学学报（社会科学版），1995，26（2）.

[14]石仲泉.邓小平理论与社会主义从空想到科学的发展[J].中国特色社会主义研究，1999（3）.

[15]李楠明.学习《社会主义从空想到科学的发展》的几点体会[J].高校理论战线，1999（11）.

[16]杨彬.科学社会主义再认识[J].北方论丛，2000（4）.

[17]茶娜, 高利英.社会主义从空想到科学的发展[J].理论研究, 2001（3）.

[18]颜晓峰.社会主义从空想到科学的方法论转变[J].新疆社会科学, 2001（6）.

[19]李健森等.和谐社会：从空想到科学[J].西北大学学报（哲社版）, 2005, 35（5）.

[20]徐崇温."当代走向社会主义的道路要有科学到乌托邦"评论[J].科学社会主义, 2006（2）.

[21]吴雄丞.科学社会主义的基本经典[J].高校理论战线, 2006（4）.

[22]陈戎.浅谈社会主义从空想到科学的发展[J].传承, 2007（7）.

[23]张永健.科学社会主义理论的新发展[J].理论探讨, 2008（1）.

[24]唐文明.究竟什么是无产阶级[J].中共天津市委党校学报, 2008（6）.

[25]李文成.人的彻底解放与和谐发展是社会主义的根本目的[J].郑州大学学报（哲社版）, 2009（3）.

[26]李明.科学社会主义理论体系的形成[J].中共南昌市委党校学报,2010,8(2).

[27]徐峰.《社会主义从空想到科学的发展》与马克思主义大众化的方法论意义[J].郑州大学学报(哲社版),2011(3).